W0199932

Alltag, Beruf & Co. 1

Lehrerhandbuch

Norbert Becker
Jörg Braunert

Hueber Verlag

Quellenverzeichnis
S.23: panthermedia
S.24: fotolia/Sergii Sukhorukov
S.79: iStockphoto/sumnersgraphicsinc

Das Werk und seine Teile sind urheberrechtlich geschützt.
Jede Verwertung in anderen als den gesetzlich zugelassenen Fällen bedarf deshalb der vorherigen schriftlichen Einwilligung des Verlags.

Hinweis zu § 52a UrhG: Weder das Werk noch seine Teile dürfen ohne eine solche Einwilligung überspielt, gespeichert und in ein Netzwerk eingespielt werden. Dies gilt auch für Intranets von Firmen und von Schulen und sonstigen Bildungseinrichtungen.

4. 3. 2. | Die letzten Ziffern
2013 12 11 10 09 | bezeichnen Zahl und Jahr des Druckes.
Alle Drucke dieser Auflage können, da unverändert, nebeneinander benutzt werden.
1. Auflage
© 2009 Hueber Verlag, 85737 Ismaning, Deutschland
Druck und Bindung: Ludwig Auer GmbH, Donauwörth
Printed in Germany
ISBN 978-3-19-141590-7

1 DAS LEHRWERK *ALLTAG, BERUF & CO. (AB&C)* STELLT SICH VOR

1.1 Überblick über das Lehrwerk und seine Teile

Sechs Lernstufen – sechs Bände – drei Niveaustufen

Die Reihe *AB&C* entspricht den Niveaustufen A1, A2, B1 des Gemeinsamen Europäischen Referenzrahmens (GER) und führt zu den Kompetenzniveaus des Goethe-Instituts (*Start Deutsch 1* und *2*, *Zertifikat Deutsch*). Sie schafft die Grundlagen für das weiterführende *Zertifikat Deutsch für den Beruf*.

Stufe A1		
AB&C A1/1	**AB&C A1/2**	→ Prüfung Start Deutsch 1

Stufe A2		
AB&C A2/1	**AB&C A2/2**	→ Prüfung Start Deutsch 2

Stufe B1		
AB&C B1/1	**AB&C B1/2**	→ Prüfung Zertifikat Deutsch

Die Einzelbände als integriertes Lernpaket

Kursbuch	Tonteil	www.hueber.de/ alltag-beruf	Wörterlernheft	Lehrerhandbuch
• 10 Lektionen à 10 Seiten • Abschlusstest • Glossar	• CD mit den Hörtexten der Lektionen 1–10 • CD zu den Übungen (Hörtexte, Aussprache- und Sprechübungen)	interaktive Einsetzübungen für die Arbeit am PC	Lernwortschatz der Lektionen 1–10: • Worteintrag • typischer Kontext • Wortschatzübungen • Platz für muttersprachliche Einträge	• Einführung • Durchnahmepläne für die Lektionen 1–10, Lösungen und Transkripte • 5 Zwischentests

Lektionsaufbau

Alle 10 Lektionen haben die gleiche Zusammensetzung und Abfolge:
Unter einer gemeinsamen Thematik, wie zum Beispiel Lektion 1 unter der Überschrift „Guten Tag, da sind Sie ja!" zum Thema „begrüßen und (sich) vorstellen":
• zwei Seiten „Im Alltag"
• zwei Seiten „Im Beruf"
• eine zusammenfassende Seite „Magazin"
• eine Seite Grammatik und Übersicht über wichtige Wörter und Wendungen
Im unmittelbaren Anschluss:
• zwei Seiten Übungen zu „Im Alltag"
• zwei Seiten Übungen zu „Im Beruf" und „Magazin".

1.2 Deutsch für den Alltag und Deutsch für den Beruf: Kann man A sagen, ohne B zu sagen?

„Berufssprache" ist ebenso wie „Allgemeinsprache" ein künstlicher Begriff. „Deutsch für den Beruf" ist ebenso wie „Deutsch für den Alltag" keine eigene Sprache. Die beiden dienen zwei unterschiedlichen, aber verwandten Verwendungsabsichten derselben Sprache.
Kann man A wie ***A****lltag* sagen, ohne B wie ***B****eruf* zu sagen? Ja, man kann und in der Regel geschieht es (leider) auch. Aber wenn man Fremdsprachenlerner fragt, was sie mit dem Gelernten bezwecken, dann

stehen Ausbildung, Weiterbildung und Berufstätigkeit mit großem Abstand an der Spitze der Nennungen. Ein Sprachkurs, der diese Motivationslage übersieht oder der sie zwar sieht, aber übergeht, oder der darauf eingeht, aber nur am Rande, etwa mit ein paar Lesetexten aus der Wirtschaftspresse, ein solcher Kurs sagt eben nicht wirklich B oder sagt es allzu beiläufig.

Während man in einem Sprachkurs für den Alltag nur die unterschiedlichen Vorkenntnisse der Teilnehmer, kaum aber die unterschiedlichen Verwendungsabsichten und schon gar nicht die unterschiedlichen Berufe als hinderlich empfindet, gelten bei einem Sprachkurs für den Beruf die unterschiedlichen Berufe der Teilnehmer als vermeintliches Hindernis bei der Klassenbildung, bei der Unterrichtsgestaltung und bei der Lehrwerksauswahl. Also weicht man in einen „Allgemeinsprachkurs" aus und tröstet sich und die Teilnehmer mit Texten *über* das Berufs- und Arbeitsleben, verengt also Deutsch für den Beruf auf Lesetexte über das Berufs- und Arbeitsleben und vermengt sie mit Fachsprache, von der es aber tunlichst abzurücken gilt.

- *AB&C* erspart dem Sprachkursveranstalter, dem Lehrer und dem Kursteilnehmer die ausdrückliche Entscheidung für sein berufliches Lernanliegen, die als Entscheidung gegen die „Allgemeinsprache" missverstanden wird.

- *AB&C* erspart den Beteiligten die falsch gestellte und folglich immer falsch beantwortete Frage, ob sie dieses oder jenes nehmen sollen. *AB&C* lehrt **eine** Sprache in zwei Sprachausschnitten, die zwei Verwendungsabsichten bezwecken.

- *AB&C* schließt nicht etwa einen bescheidenen Kompromiss. *AB&C* zieht sich auf keinen kleinsten gemeinsamen Nenner zurück. *AB&C* baut auf der größtmöglichen gemeinsamen Schnittmenge zweier Sprachausschnitte auf, die beide Umgangssprachen sind: die eine für den Alltag, die andere für den Beruf.

- *AB&C* räumt mit der irrigen Vorstellung auf, Deutsch im Alltag sei die Lernvoraussetzung für Deutsch im Beruf. Mit *AB&C* erwirbt der Lerner in einem Zug die sprachliche Handlungsfähigkeit auf zwei verwandten Handlungsfeldern. Insofern ist das Konzept von *AB&C* im vollen Wortsinn aus einem Guss.

- Mit *AB&C* erzielen Lehrer und Lerner mit dem einfachen Aufwand den doppelten Ertrag.

1.3 Das Konzept von *AB&C*

Mit *AB&C* halten Sie ein **integriertes** und **kompaktes** Lernpaket in der Hand:

- **Integration** von Themen und Sprechanlässen des privaten und des beruflichen Lebensumfelds, denn die Mitarbeit in einem deutschsprachigen Unternehmen setzt sowohl soziale Handlungsfähigkeit im Alltag als auch Handlungsfähigkeit am Arbeitsplatz voraus.

- **Integration** der Fertigkeiten Sprechen, Schreiben, Hören und Lesen mit Schwerpunkt auf den Fertigkeiten Sprechen und Hörverstehen. Insbesondere auf der Stufe A1 sind sie die Grundvoraussetzung für das Leben und Überleben in Alltag und Beruf. Das heißt auch: In *AB&C* geht es nicht um das Sprechen *über* Texte und Themen, sondern um das sprachliche Handeln *in* Situationen des Alltags- und Berufslebens.

- **Integration** von Kurs- und Arbeitsbuch. Den zwei Doppelseiten „Im Alltag"/„Im Beruf" (also der unterrichtlichen, vom Kursleiter moderierten Interaktion) sind jeweils zwei Doppelseiten Übungen zugeordnet (also der sprachlichen Regelbildung gewidmet, die immer auch im häuslichen Selbststudium bearbeitet werden können und keinen zusätzlichen Wortschatz einführen). Sie umfassen Schreibübungen, Hör-/Sprechübungen zum mündlichen Einüben von Sprachmustern und Strukturen, Ausspracheübungen und zusätzliche Hörübungen. Die Übungs-CD erwerben Sie mit dem Kursbuch. Hinweise in der Lektion führen Kursleiter und Teilnehmer sicher zur zugehörigen vertiefenden Übung.

- **Integration** von sprachlichem Lernziel und Bewusstmachung des grammatischen Lernanliegens. Eine Übersicht über den Grammatikstoff ist der Lektion zugeordnet. Auf einen Blick zeigt sie Ihnen und Ihren Teilnehmern das Pensum der jeweiligen Lektion und verdeutlicht das schrittweise Annähern an den betreffenden Ausschnitt des gesamten Regelwerks, das zyklische Wiederaufgreifen und Erweitern des Stoffs. Hinweise in der Lektion zeigen die Stellen im unterrichtlichen Ablauf, an denen es ratsam ist, die Grammatikübersichten zurate zu ziehen (siehe hierzu auch die Exkurse „Phasen des Unterrichts", Seite 11, und „Die Grammatik in *Alltag, Beruf & Co.*", Seite 25).
  Das integrierte Konzept macht die Bände von *AB&C* zu übersichtlichen und **kompakten** Lernbausteinen. Die zwei Doppelseiten jeder Lektion plus eine Seite „Magazin" plus Grammatikübersicht plus vier Seiten Übungen (= zehn Seiten / Lektion) bieten, je nach Durchnahmeweise (siehe 1.5, Seite 8), Lernstoff für 30–50 Unterrichtseinheiten à 90 Minuten.

1.4 Die Handlungsfelder der beruflichen Kommunikation

In Abschnitt 1.2 haben wir schon gesehen, dass es keine scharfe Abgrenzung zwischen Sprache im Alltag und Sprache für den Beruf gibt. Die sprachliche Handlungsfähigkeit im Alltag und am Arbeitsplatz erreicht man mit gleichen, ähnlichen oder verwandten Sprachmitteln. Allerdings setzt sich der Sprachausschnitt für Alltag und Beruf deutlich von den Sprachmitteln der Fachsprache ab – aber sie ist nicht der Gegenstand von *AB&C*, auch wenn Sprache für den Beruf oft mit Fachsprache, insbesondere Fachsprache Wirtschaft/Wirtschaftsdeutsch vermengt wird.

Worin aber unterscheidet sich dann, bei Betonung der Übereinstimmung von „Allgemeinsprache" und „Berufssprache", *AB&C* von anderen Grundstufen-Lehrwerken?

Wir Autoren haben wiederholt in kleineren, mittleren und großen Betrieben den Sprachbedarf am Arbeitsplatz ermittelt. (Im Einzelnen siehe dazu: Die Handlungsfelder der beruflichen Kommunikation. Bericht über die Erhebung des Sprachbedarfs am Arbeitsplatz, in: Fachsprache. Wien: Braumüller, 3–4/2000, S. 153ff.) Grob zusammengefasst ergaben sich dabei folgende Sprachhandlungsfelder:

	AB&C A1/1, Lektion
1 Vorbereitung des beruflichen Einsatzes Stellenausschreibung, Arbeits- und Aufenthaltserlaubnis, Aus- und Fortbildungsplätze, Vorstellungsgespräch, Qualifikationsmerkmale ...	
2 Anreise/Dienstreise, Ankunft am Dienstort Anreisemodalitäten, Ankunft, Begrüßung, Unterbringung ...	1, 5
3 Begrüßung, Einführung in den Betrieb Orientierung im Betrieb, Betriebsstruktur, Funktionseinheiten, Mitarbeiter, Kollegen, Vorgesetzte, Arbeitsordnung ...	2, 7
4 Einweisung in den Arbeitsplatz Funktionsweise, Inbetriebnahme, Einzelteile der Arbeitsgeräte, Arbeitsunterweisung, Arbeitskleidung ...	2
5 Arbeitsabläufe / „die tägliche Routine" Tätigkeitsbeschreibung, Arbeit mit Geräten, Auftragserteilung – Auftragsannahme, Kundenkontakte, Verwalten, Geräte aufstellen, Büro einrichten, Dienstbesprechung, Termine vereinbaren/verschieben/absagen/übernehmen ...	3, 6, 8, 9
6 Unterweisung Einführung in Struktur und Arbeitsweise von Betrieb/Abteilung/Gerät; Vormachen – Erklären – Nachmachen ...	
7 Störungen, Defekte Suchen, Feststellen, Melden, Beheben ...	
8 Sicherheit Arbeits- und Produktsicherheit	
9 Betriebliches Leben Beförderung, Versetzung, Entlassung, Ruhestand; Betriebszeitung, Öffentlichkeitsarbeit, Kollegengespräche, Betriebsrat, Mitbestimmung, Tarifverträge, Unternehmensnachrichten ...	10
10 Soziale Kontakte, Freizeit Freizeitangebot, Leben am Firmenstandort, Kollegengespräche ...	4, 10

Diese Übersicht gliedert sich in Sprachhandlungen im Vorfeld des beruflichen Einsatzes (Ziffern 1, 2 und 3), in der betrieblichen Alltagsroutine (Punkte 3–8, insbesondere Ziffer 5 als Kernbereich der Kommunikation am Arbeitsplatz) und Sprachhandlungen, die über den einzelnen Arbeitsplatz und den einzelnen Betrieb hinausgehen (Ziffern 9 und 10).

Wohlgemerkt: Diese Liste ist nicht das Inhaltsverzeichnis des vorliegenden oder irgendeines anderen Bandes von *AB&C*. Es handelt sich vielmehr um eine Merkliste; die sechs Bände unseres Lehrwerks greifen ihre

Einzelpunkte in zyklischer thematischer und damit sprachlicher Progression immer wieder auf. Ihr erstes Vorkommen in Band A1/1 ist der obigen Übersicht zu entnehmen.

Nehmen wir aus Ziffer 2 den Unterpunkt „Orientierung im Betrieb": Lektion 7 demonstriert, dass die Sprachmittel zur Wegbeschreibung (in der Stadt, im Bahnhof ...) auch produktiv für die Orientierung im Betrieb sind (und umgekehrt). Die alltags- und berufsbezogene „Einfärbung" hängt wesentlich davon ab, wer wo mit wem worüber kommuniziert.

Das Beispiel „Wegbeschreibung / Orientierung im Betrieb" zeigt auch die Abstimmung auf die ersten Schritte der Niveaustufe A1: Verzicht auf Verben mit trennbarer Vorsilbe (*ein-, abbiegen ...*), auf Präpositionen wie *an ... entlang, an ... vorbei, um ... herum, durch ... hindurch* u. a. Denken Sie also daran: Das Thema kommt wieder ins Spiel – gehen Sie nicht über den vorgesehenen Rahmen hinaus! Alle Lernanliegen – auch die grammatischen – haben in Band 1 ihren ersten Auftritt, auf den viele weitere folgen. Alles beginnt hier, und nichts ist in Band 2 oder 3 zu Ende.

Entgegen unseren grundsätzlichen Feststellungen zeigt sich auch am Beginn des Lernwegs schon, dass einige Sprachhandlungen im beruflichen Umfeld anders realisiert werden als im Alltag. Das beginnt mit der unterschiedlichen Verwendung von *du* und *Sie* und geht bis zu unterschiedlichen Redeweisen zum Beispiel bei privaten und betrieblichen Festen und Feierlichkeiten (Lektion 10). *AB&C* legt Wert auf diese Unterschiede. Mit fortschreitender Progression gewinnen sie an Bedeutung. *AB&C* rät den Kursteilnehmern, sich wo immer möglich des formelleren Registers zu bedienen, bis der deutsche Partner, der Bekannte, der Kollege oder Vorgesetzte einen informelleren Ton anbietet, auch wenn dieser ihn vorher selbst benutzt.

1.5 Durchnahmevarianten durch Modularisierung

Modular aufgebaute Lehrwerke bieten die flexible Durchnahme, die Zusammenstellung des jeweils eigenen, passenden Curriculums aus dem Lehrwerk, bergen jedoch die Gefahr, dass eine stimmige Progression nicht mehr gewährleistet ist. Das Konzept von *AB&C* löst diese Problematik.

In 1.1 haben wir gesehen, dass alle 10 Lektionen gleich aufgebaut sind. Die Teile „Im Alltag" mit ihrem jeweiligen Übungsteil sind grammatisch und inhaltlich so auf die Teile „Im Beruf" mit ihrem jeweiligen Übungsteil abgestimmt, dass sie einander stützen, entlasten und ergänzen. Das „Magazin", die Grammatik und die zusätzlichen Lernangebote im Internet-Service bilden die inhaltliche und sprachliche Klammer zwischen den beiden Teilen. Diese modularisierte Anlage eröffnet Durchnahmealternativen, die fast jeder Klassensituation, jedem Vorkenntnisstand und jeder Interessenslage Rechnung tragen:

- Durchnahme als Ganzes für Gruppen ohne Vorkenntnisse mit gleichgewichtiger Verwendungsabsicht
- Durchnahme mit Schwerpunkt auf den Teilen „Im Alltag" und „Magazin" für Klassen mit Vorkenntnissen, für Schnellllerner, für Klassen mit überwiegend allgemeiner Verwendungsabsicht
- Durchnahme mit Schwerpunkt auf den Teilen „Im Beruf" und „Magazin" für Klassen mit Vorkenntnissen, für Schnellllerner, für Klassen mit überwiegend beruflicher Verwendungsabsicht. Selektive Durchnahme von Fall zu Fall, also beispielsweise Lektion 3 ganz, Lektion 4 nur Teil „Im Alltag" und „Magazin", Lektion 5 nur Teil „Im Beruf" und „Magazin" ...
- Den vertiefenden Übungsteil können die Kursteilnehmer immer auch als Hausaufgabe bearbeiten. Die Lösungen finden Sie auf den Seiten 81–89 als Kopiervorlagen für die Kursteilnehmer zur Eigenkorrektur.

1.6 Das Glossar im Kursbuch und das Wörterlernheft

Das **Glossar** ist kein Lerninstrument. Es soll lediglich die im Kursbuch vorkommenden Wörter dokumentieren und auffindbar machen. Bei den Hilfsverben und den Modalverben ist die konjugierte Form mit einem Verweis auf die Seite der betreffenden Grammatikübersicht aufgenommen, ebenso die Formen der Personalpronomen und der Artikel. Bei den häufigen Wörtern sind die ersten drei Vorkommensnachweise belegt.

Die Einträge ins Glossar sind folgendermaßen zu verstehen:

obligatorische Ergänzungen
↓

helfen	D	79
betreuen	A	89
antworten	auf A	7, 16, 46
fahren	WOHIN	46, 47, 67

↑
Seitenzahl(en) des Vorkommens

Artikel **Pluralendung**
↓ ↓
Teilnehmer/in der/die –/-nen 6, 7, 8
↑
Seitenzahl(en) des Vorkommens

Verben mit trennbarer Vorsilbe
↓
vor.kommen

In Band A1/1 kommt die Vergangenheit noch nicht vor. Deshalb werden die Stammformen der starken Verben noch nicht ins Glossar aufgenommen.

Das **Wörterlernheft** ist ein neuartiges Lerninstrument zum Aufbau des Wortschatzes. Es enthält den Lernwortschatz. Dieser wird in möglichst thematisch angeordneten Lernportionen präsentiert. Das Wörterlernheft ist grundsätzlich für die Eigenarbeit der Kursteilnehmer gedacht. Die Übungen in Spalte 3 eröffnen dazu die Möglichkeit.

Kontext ↓ **Übung** ↓

kommen aus	Woher **kommst** du?	❸ Ich ________ aus Polen.	Woher ________ du?	________
wohnen in	Er **wohnt** in Berlin.	________ Sie auch aus Polen?	Lev ________ aus Polen.	________
lernen WAS	**Lernst** du hier auch Deutsch?	Wo ________ Sie?	Wo ________ Vroni?	________
machen WAS?	Was **machen** Sie in Dresden?	________ in Graz?		

↑ **thematisch angeordnete Einträge**

↑ **Raum für muttersprachliche Einträge**

Sie sollten immer wieder zum Wörterlernen auffordern und im Unterricht Aufgaben stellen, die dazu anregen. Auch dazu bietet das Wörterlernheft Ansätze:

a) Die Kursteilnehmer sollen – jeder für sich – die zehn Wörter im Wörterlernheft suchen und unterstreichen, die sie pro Doppelseite oder Lektion lernen möchten.
b) Die Kursteilnehmer sollen – jeder für sich – eigene Kontexte schreiben.
c) Die Kursteilnehmer sollen einander „abhören", indem einer das Wort und der andere einen dazu passenden Kontext (und nicht etwa die Übersetzung in seiner Muttersprache) nennt.
d) Die Kursteilnehmer sollen in Gruppen einen Kontext variieren, etwa so: *Ich gehe einkaufen. – Du gehst einkaufen. – Gehst du einkaufen? – Bruno und Irene gehen einkaufen. – Wir gehen nicht einkaufen. –* …

(Siehe hierzu auch den Exkurs „Den Wortschatz aufbauen", Seite 31.)

1.7 Die Zwischentests im Lehrerhandbuch und der Abschlusstest im Kursbuch

Die Teilnehmer verlangen immer wieder zuverlässige Fortschrittskontrollen während und am Ende des Kurses. *AB&C* stellt Ihnen die erforderlichen Instrumente zur Verfügung. Die Kopiervorlagen für die **Zwischentests** 1–5 im Lehrerhandbuch (nach Lektion 2, 4, 6, 8, 10) sind identisch aufgebaut. Sie unterstützen die Vorbereitung auf die Prüfung *Start Deutsch 1*, auch wenn die Teile „Grammatik" und „Wortschatz" in dieser Prüfung nicht vorkommen. Es handelt sich dabei ja nicht um Fertigkeiten, wie sie in Sprachprüfungen gefordert werden. Aber Sie und Ihre Teilnehmer möchten auch den Stand der Vokabel- und Grammatikkenntnisse überprüfen. Die Auswertung ist einfach: Ein Punkt pro richtiger Antwort, das Gesamtergebnis hochgerechnet auf die maximale Punktzahl von 100. Darin folgen die Zwischentests und der Abschlusstest dem Bewertungsmaßstab der Prüfungen *Start Deutsch 1 und 2 und Zertifikat Deutsch*. Die Lösungen finden Sie übersichtlich angeordnet auf den Seiten 90–93.

Der Abschlusstest, in Form und Inhalt baugleich mit der Prüfung *Start Deutsch 1*, deckt ungefähr 50 Prozent des Pensums von *Start Deutsch 1* ab. Daher können Sie Ihren Teilnehmern folgende Auskunft darüber geben, wo auf ihrem Lernweg sie im Hinblick auf die angebotenen Kompetenzniveaus stehen:

AB&C 1/1	*Start Deutsch* 1	*Start Deutsch* 2	*Zertifikat Deutsch*
Gesamtpunktzahl x 1 = ____________ %	Gesamtpunktzahl x 0,5 = ____________ %	Gesamtpunktzahl x 0,25 = ____________ %	Gesamtpunktzahl x 0,125 = ____________ %

Im Unterschied zu den Zwischentests bietet der Abschlusstest auch die Materialien zur mündlichen Prüfung. Dazu (und zur Bewertung des Briefs) sollten Sie den Übungssatz und die Prüferblätter der Prüfung *Start Deutsch 1* zurate ziehen. Weitere Informationen finden Sie in der Broschüre Goethe-Institut/WBT: *Start Deutsch, Deutschprüfungen für Erwachsene,* ISBN 3-936753-77-6, sowie auf den Internetseiten des Goethe-Instituts und von telc.

(Siehe hierzu auch den Exkurs „Erfolgskontroll-Tests im Lehrerhandbuch und im Kursbuch", Seite 73.)

1.8 Die CDs und interaktive Übungen

Der Übungsteil („Arbeitsbuch") ist jeder Lektion direkt angeschlossen. Er ist durchgängig so gestaltet, dass er den Unterricht stützt und ergänzt, zugleich aber auch immer selbstständig außerhalb des Unterrichts, zum Beispiel als Hausaufgabe, bearbeitet werden kann. Dazu gehören auch die CD-gesteuerten Sprech- und Ausspracheübungen (siehe hierzu auch die Exkurse „Die Aussprache", Seite 39, und „Sprechen und die Einüben kommunikativer Strukturen", Seite 53). So ist es nur folgerichtig, dass dem Kursbuch die **Übungs-CD** mit den Sprech- und Ausspracheübungen sowie den Hörtexten des Übungsteils beiliegt. Darüber hinaus enthält der Internetservice ein weiteres zeitgemäßes Übungsangebot: interaktive Übungen für die Arbeit am PC. Pro Lektion gibt es 6–10 Multiple-Choice- und Zuordnungsübungen, Lückentexte, Übungen zum Satzbau, Wortschatztraining anhand von Kreuzworträtseln und Memory. Sie finden den Internet-Service unter www.hueber.de/alltag-beruf.

Eine weitere CD enthält die Hörtexte des Kursbuchteils. Für den Unterricht ist sie unverzichtbar.

1.9 Verwendete Abkürzungen; Hinweise

Ü = Übung(en)
L = Lehrer(in)
KT = Kursteilnehmer
LK = Landeskunde
ÜT = Übungsteil
1, 2, 3 ... = Reihenfolge der Übungen auf den Doppelseiten „Im Alltag"/„Im Beruf"
A, B, C ... = Reihenfolge der Übungen im Arbeitsbuchteil

2 METHODISCH-DIDAKTISCHE HINWEISE

LEKTION 1: GUTEN TAG, DA SIND SIE JA!

Die Phasen des Unterrichts: Einsteigen – Einüben – Anwenden

Wir können nicht wissen, an welcher Stelle des Lehrwerks Sie eine Unterrichtseinheit beenden und die nächste beginnen. Wir halten es aber für ungünstig, wenn Sie beispielsweise heute mit Übung 4 b) schließen und morgen mit c) weitermachen. Jede Lektion von *AB&C* enthält zwei Sollbruchstellen: jeweils am Ende der Blöcke *Im Alltag* und *Im Beruf*. Die jeweils erste Übung dieser beiden Blöcke ist für den *Einstieg* gedacht und ausgelegt. Die jeweils letzte oder die beiden letzten Übungen eines jeden Blocks sind für die *Anwendung* des Gelernten gedacht. Die dazwischen liegenden Übungen dienen dem Voranschreiten im Stoff durch *Einübung*. Auf die Sonderstellung des *Magazins* gehen wir in den Erläuterungen zu Lektion 6 (S. 45) ein.

Die Doppelseiten *Im Alltag* und *Im Beruf* beginnen mit einer großflächigen Abbildung oder Bildmontage, der die lernzielrelevanten Redemittel zugeordnet sind. Die erste Übung des Blocks bezieht sich auf diese Redemittel und auf das Vorwissen der Lerner. Sie nimmt zwar wenig Raum ein, hat aber umso mehr Gewicht, denn sie bestimmt die sprachlichen Interaktionen des Einstiegs und steht für gut 15 Minuten Unterrichtszeit. Diese Übung erfordert meist eine Partner- oder Gruppenaktivität, deren Inhalt die Beteiligten oft in Stichworten festhalten, um darüber anderen Partnern, Gruppen und ausnahmsweise auch dem Plenum zu berichten.

Unterrichtsabsicht ist der beherzte Umgang des Lerners mit der Sprache auf vorläufig noch ungesichertem Terrain. Der Lehrer bringt die Tätigkeit in Gang und sorgt dafür, dass sich alle gemäß der Aufgabenstellung beteiligen. Er korrigiert noch nicht oder sehr sparsam und hält sich mit grammatischen und lexikalischen Erklärungen zurück. In der Phase der Unterrichtseröffnung befindet sich der Lerner in Sprachnot, die Sprechnot auslöst, denn es werden Sprachleistungen von ihm erwartet, zu denen er vorläufig nur behelfsmäßig in der Lage ist. Der Zustand der Sprechnot ist der Normalfall für jeden Fremdsprachenlerner. Wir müssen ihn im geschützten Rahmen des Unterrichts auf diese Standardanforderung vorbereiten, damit ihm mit knappen Sprachmitteln möglichst viel Kommunikation gelingt, anstatt dass er verstummt oder sich ans Wörterbuch klammert. In dieser Phase müssen wir als Lehrer mit zwei schädlichen und störenden Reflexen rechnen: mit dem Fragereflex des Lerners und mit unserem eigenen Erklärungsreflex. Die Unterrichtseröffnung ist für Fragen und Antworten, für Analysieren und Erklären nicht der richtige Ort – noch nicht. Natürlich ist der Lernweg mit lexikalischen und grammatischen Hindernissen gespickt, aber wir sollten nicht gleich zu Beginn darauf eingehen. Jeder Hindernislauf beginnt mit einer Flachstrecke, damit der Läufer Schwung aufnehmen kann.

Jeder Hindernislauf endet mit einer Flachstrecke. Die Phase der Anwendung ähnelt in vieler Hinsicht dieser flachen Schlussstrecke, bei der es glatt laufen sollte. Der Lehrer hat (hoffentlich) nichts mehr zu erklären, der Lerner (hoffentlich) nichts mehr zu fragen. Und wenn doch, dann möglichst nicht an dieser Stelle. Die Arbeitsformen sind denen des Einstiegs zum Verwechseln ähnlich, nur dass jetzt die Sprachnot und damit die Sprechnot überwunden ist. Der Lehrer nimmt wieder die zurückhaltende Rolle des Organisators und Beobachters ein, die er beim Einstieg schon hatte. Für die Gesamtstrecke benötigt man nach unseren Vorstellungen etwa 90 Minuten.

Um im Bild zu bleiben: In der Einübungsphase kommt es darauf an, die Unebenheiten der Strecke zu meistern. Die Sprachmittel der beiden Einstiegscollagen enthalten schon die meisten sprachlichen Schwierigkeiten, aber so portioniert und verpackt, dass der Lerner eine gute Chance hat, sie zu überwinden. Jetzt wird das Lernpaket aufgeschnürt. Es kommen Texte, für die die neuen sprachlichen Erscheinungen, in Kontexte eingebettet, kennzeichnend sind. In Übungen werden sie demonstriert und schließlich in Regeln und Paradigmen gefasst. Das Herauspräparieren der Formen ist oft Aufgabe des Lerners. Er vervollständigt Paradigmen oder füllt Satzbauriegel auf und entdeckt die Regelhaftigkeit durch Analogieschlüsse. Das fertige Paradigma findet er auf der Grammatikseite einer jeden Lektion nach der Magazinseite, also auf den Seiten 11, 21, 31 usw. Wie viel Einübung nötig ist, entscheidet der Lehrer, wie viel wünschenswert ist, entscheidet der Lerner selbst. Das Materialangebot findet er im Übungsteil nach der Grammatikseite, also auf den Seiten 12/13, 22/23, 32/33 usw. für *Im Alltag* und auf den Seiten 14/15, 24/25, 34/35 usw. für *Im Beruf*.

Durchnahmepläne,Transkripte, Lösungen

IM ALLTAG

Kontaktaufnahme – Fragen und Antworten zur Person – Angabe der Häufigkeit – Nominalsuffix ___*in*: Lehrer/Lehrerin – Akronyme lesen, Namen buchstabieren – Unterscheidung *du* – *Sie*; Einstieg in die Konjugation (*ich, du, er/sie, Sie*) – entsprechende Formen von *sein* – einige Fragewörter

	Lektion	Übungen/Hausaufgaben	interkulturelle LK
Übung 1 KB-Seite 16 auf Projektionsfolie; Formular einer Kursliste an der Tafel CD 1 CD 2	Falls KT noch keine Vorkenntnisse haben, führt L die Redemittel für das Vorstellen ein, indem er sich selbst vorstellt, dann einzelne KT der Klasse und schließlich das Vorstellen an die KT übergibt. Hier können – wie in den meisten Einstiegsübungen – die Musterdialoge die Aktivität der KT anstoßen helfen.		L soll folgende englische Lehnprägung nicht zulassen: – Ich bin **ein** Ingenieur. Stattdessen: – Ich bin Ingenieur (von Beruf).
Übung 2 CD 3	Vor dem Hören sollen KT die Richtig-Falsch-Sätze von **a)** lesen. Vielleicht gibt L je einem KT einen oder zwei Sätze. Natürlich sollen KT die Sätze abschließend sachlich richtigstellen. Hier in **b)** und überall können Schreibaufgaben im Unterricht teilweise oder ganz mündlich gemacht werden und zu Hause schriftlich.	**A a)** kommt nach dem Hörtext von Ü 2. **A b)** in Zweier- oder Dreiergruppen. Die Pluralbildung ist noch kein unterrichtliches Thema und wird hingenommen wie eine feststehende sprachliche Tatsache, vergleichbar mit „Guten Tag".	
Übung 3	Gefordert sind 5 Einträge. KT sollen einen authentischen Text untersuchen, die geforderten Informationen entnehmen und eintragen. Gruppenarbeit bietet sich an.		Frage an die KT: Ist die relativ „detailreiche" Gestaltung des deutschen Telefonbuches in Ihrem Land auch üblich? Wie sehen die Einträge im Telefonbuch Ihres Landes aus?
Übung 4 CD 4 CD AB 1	Der Einstieg ins Buchstabieren ist in der unterrichtlichen Intention eine verkappte Ausspracheübung für die langen Vokale. Beim Buchstabieren treten diese besonders klar hervor.	**B** und **C** bereiten Ü 4 eher vor. **D** unterstützt das Buchstabieren, **E** das Schreiben.	Übliche Angaben zur Person im Vergleich zu den Gepflogenheiten im Heimatland der KT
Übung 5	Diese Anwendungsübung wird nach dem vorgegebenen Muster von mehreren Zweiergruppen gleichzeitig gemacht. Sie soll flüssig und ohne korrigierende Eingriffe von L laufen.	**F** leitet zu Ü 5 über. **G** soll dazu beitragen, dass Ü 5 flüssig abläuft. **H** eignet sich als vertiefende Hausaufgabe.	

TRANSKRIPT LEKTION

Übung 2

- ● Guten Tag. Ich heiße Diego, Diego Sánchez. Ich komme aus Mexiko.
- ▲ Guten Tag, Herr Sánchez. Ich heiße Huang Lihua.
- ■ Hallo, Diego!
- ● Das ist Samira Mutinda.
- ■ Hallo, Samira. Das ist Frau Lihua.
- ▲ Hallo, Samira. Aber ich heiße Huang. Lihua ist der Vorname. Huang ist der Familienname.
- ● Ach so. Kommst du aus China?
- ▲ Ja. Ich wohne in Hongkong. Aber jetzt wohne ich in Dresden. Und du?
- ■ Ich komme aus Tansania. Ich wohne in Basel.
- ▲ Ah, aus Tansania. Du kommst aus Tansania.
- ▼ Grüß dich, Samira.
- ■ Hallo, Charlotte. Das ist Diego Sánchez. Er kommt aus Mexiko.
- ● Ja, aus Puebla. Das ist in Mexiko.
- ▼ Guten Tag, Diego.
- ■ Charlotte, das ist Huang Lihua. Aber der Vorname ist Lihua.
- ▶ Guten Tag. Ich heiße Kada, Istvan Kada. Ich komme aus Kapuvar. Das ist in Ungarn. Ich lerne auch Deutsch.
- ▼ Hallo, Istvan. Ich heiße Charlotte Leutwiller. Ich komme aus Thun. Ich bin Studentin. Bist du auch Student?

TRANSKRIPT ÜBUNGEN

Übung E

a) Ich buchstabiere: kaa-aa-dee-aa
b) Ich buchstabiere: bee-err-ee-enn-enn-ee-err
c) Ich buchstabiere: ell-ee-uu-tee-wee-ii-ell-ell-ee-err
d) Ich buchstabiere: fau-aa-ell-tee-ii-enn-oo
e) Ich buchstabiere: haa-uu-aa-enn-gee
f) Ich buchstabiere: bee-üü-haa-ell-ee-err

LÖSUNGEN LEKTION

Übung 2

a) 2 F; 3 F; 4 R; 5 Text sagt dazu nichts; 6 R; 7 F; 8 R
b) 2 Der Vorname von Frau Leutwiller ist Charlotte. 3 Jetzt wohnt Lihua (hier) in Dresden. 4 Charlotte Leutwiller kommt aus der Schweiz/Thun. 5 Samira wohnt in Basel.

Übung 3

Vornamen: Julia, Otmar, Mary, Waldemar, Ricarda, Ingolf, Gerlinde, Dieter – Familiennamen: Heukäufer, Heumann, Heun, Heunemann, d'Heureuse-Harosky, Heusel

Lektion 1

IM BERUF

Begrüßen und sich vorstellen im Seminar – Beruf, Funktion – Nominalsuffix *-in: Ingenieurin* – Akronyme lesen, Buchstabieren – Unterscheidung *du/Sie* – Angabe der Häufigkeit

	Lektion	**Übungen/Hausaufgaben**	**interkulturelle LK**
Übung 6 CD 5 CD 6 CD AB 2	Je selbstverständlicher KT die Rollen der Konferenzteilnehmer als ihre eigenen annehmen, umso erfolgreicher werden sie die ihnen zugedachten sprachlichen Rollen ausfüllen. Also: von den Plätzen aufstehen – auf den anderen zugehen – die Rolle nicht nur sprechen, sondern auch spielen.	**I a)** und **b)** hilft KT dabei, sich mit den Personen und Rollen vertraut zu machen und durch weiterführende Rückfragen das Gespräch in Gang zu halten.	KT sollen als Verhaltensweise verinnerlichen, Namen, Daten, Zahlen überdeutlich mit besonderem Augenmerk auf den langen betonten Vokalen auszusprechen, am besten zweimal zu sagen und das Buchstabieren anzubieten. Verstehen auf Anhieb ist wichtig. Für den ersten Eindruck gibt es keine zweite Chance.
Übung 7 CD 7 CD AB 3	**a)** kommt wie eine Hörverständnisübung daher. Vor allem und in erster Linie ist sie eine Lautverständnisübung. Sie greift das Lernanliegen von Ü 4 auf und schließt die Umlaute ein. **b)** ist die erweiternde Kontrolle dazu.	**J:** In **a)** werden die langen betonten Vokale anhand der Vornamen, Familiennamen und Wohnorte sichtbar, in **b)** werden sie hörbar demonstriert. In **K** werden sie vertiefend eingeübt. **L** ist als Hausaufgabe gedacht.	
Übung 8	Das Lesen von Akronymen funktioniert wie das Buchstabieren. Natürlich steht das Einüben der langen Vokale als Absicht im Hintergrund.		
Übung 9	Die angegebenen Zahlen sind ungefähre Werte und variieren nach Region, Situation, Bildungsstand, sozialer Stellung und Alter erheblich.	**M** sinnvollerweise vorschalten, um auf die Häufigkeitsangaben sicher zurückgreifen zu können.	Im Gefolge der gesellschaftlichen Veränderungen seit Mitte der 1960er-Jahre haben sich die bis dahin festen und leicht definierbaren Regeln für den Gebrauch von *du* und *Sie* differenziert und sind dadurch nicht etwa einfacher, sondern komplizierter geworden.
Übung 10	Diese Anwendungsübung ähnelt in den Sprachmitteln und in der Zielsetzung der Unterrichtseröffnung (Ü 6). Jetzt soll sie ohne Eingreifen von L flüssig laufen.		

TRANSKRIPT LEKTION

Übung 7

- ● Guten Tag. Mein Name ist Valtino, Rudi Valtino.
- ▲ Guten Tag, Herr Valtino. Ich heiße Beate Bühler. Ich komme aus Basel. Und Sie?
- ● Ich komme aus Dresden. Ich bin Informatiker und arbeite als Programmierer bei BMW.
- ▲ Und ich arbeite bei der Firma S&L in Basel. Ich arbeite bei S&L als Produktionsleiterin. Ich bin Elektroingenieurin. Oh, da ist Frau Thomas. Sie ist Vertriebsmitarbeiterin bei der Firma Wäggeli in Chur. Sie ist Bürokauffrau von Beruf. Hallo, Nina!
- ■ Hallo, Beate. Guten Tag!
- ▲ Das ist Herr Valtino.
- ■ Ah, guten Tag, Herr Valtino.
- ● Guten Tag. Du, Sören, das sind Frau Bühler und Frau Thomas aus der Schweiz. Sören Bläser arbeitet als Praktikant bei der Firma Weidrich AG in Lüneburg. Er ist noch Student. Nicht wahr, Sören, du bist noch Student?

TRANSKRIPT ÜBUNGEN

Übung I b) (Beispiel)

- ● Ich arbeite bei der Firma Wäggeli.
- ▲ Und wo arbeitet Herr Valtino?
- ● Ich bin Sekretärin von Beruf.
- ▲ Und was ist Herr Valtino von Beruf?
- ● Ich wohne in Basel.
- ▲ Und wo wohnt Herr Valtino?
- ● Ich komme aus Italien.
- ▲ Und woher kommt Herr Valtino?
- ● Ich arbeite in Köln.
- ▲ Und wo arbeitet Herr Valtino?

Übung J b) (Beispiel)

- ● Beate Kahlo aus Basel?
- ▲ Nein, Lea Kahlo aus Wien.
- ● Häkis Bläser aus Bärenthal?
- ▲ Nein, Sören Bläser aus Lüneburg.
- ● Lea Wehner aus Dresden?
- ▲ Nein, Käthe Wehner aus Göteborg.
- ● Lydia Bühler aus Lüneburg?
- ▲ Nein, Beate Bühler aus Basel.
- ● Antonia Thomas aus Rom?
- ▲ Nein, Nina Thomas aus Chur.
- ● Sören von Römer aus Göteborg?
- ▲ Nein, Rüdiger von Römer aus Bärenthal.
- ● Rudi Basuno aus Chur?
- ▲ Nein, Toni Basuno aus Rom.

LÖSUNGEN LEKTION

Übung 7

a) 1 ABA; 2 BCA; 3 BCA; 4 BAC
b) 1 Valtino; 2 Beate Bühler; c) Nina Thomas; d) Sören Bläser

Übung 8

MAN – Maschinenfabrik Augsburg Nürnberg, www.man.de; BMW – Bayerische Motorenwerke, www.bmw.de; SAP – Systeme-Anwendungen-Produkte, www.sap.com; VW – Volkswagen, www.vw.de; EU – die Europäische Union, http://europa.de

Lektion 1

MAGAZIN

private und berufliche Begegnungssituationen, informell: am Bahnhof / in der Halle / an der Rezeption / am Meeting-Point

	Lektion	Übungen/Hausaufgaben	interkulturelle LK
Übung 11 CD 8 CD 9	Die zwei eher informellen Begrüßungsszenen am Bahnhof und im Flughafen und die beiden eher formellen an der Rezeption und am Service-Point werden durch einen Gegenentwurf verfremdet.	**N** und **O** dienen in der Regel als Hausaufgabe. **N** enthält einen Anlass, die Lektion unter einem bestimmten Gesichtspunkt zu überfliegen. **O** bereitet die KT darauf vor, dass es im Deutschen drei grammatische Geschlechter gibt, in Übung L war das natürliche Geschlecht im Mittelpunkt.	Die verfremdete Szene im australischen Outback und der Sketch rund um die „Bürola“ sollen Begegnungssituationen mit einem Augenzwinkern entkrampfen.
Übung 12 CD 10	Der Hörtext eignet sich dazu, als Sketch gespielt und aufgeführt zu werden. Er eignet sich keinesfalls zu einer unterrichtlichen Hörverständniskontrolle. Das Verständnissignal ist das Lachen der KT.		

TRANSKRIPT

Übung 12

● Guten Tag, meine Damen und Herren, Grüezi, alle miteinand.
Mein Name ist Wäggeli, Felix Wäggeli.

▲ Grüß Gott, Herr Wäggeli. Mein Name ist Kahlo, Lea Kahlo aus Wien.
Und das ist mein deutscher Kollege, Herr Rebholz.

■ Gernot Rebholz.

● Freut mich. Und das sind die Damen und Herren Dr. Wehner, Rosenberger, Basuno ... Tja ... und das, meine Damen und Herren, das ist die Bürola!

■ Guten Tag, Frau Bürola! Mein Name ist ...

▲ Äh, Herr Rebholz ...

■ Äh, mein Name ist Rebholz, Gernot Rebholz.

▲ Herr Rebholz, das ist Frau Doktor Wehner aus Göteborg. Die Bürola ist die Büromaschine dort.

■ Ach so, das ist die Büromaschine.

▲ Nein, das ist Frau Doktor ...

■ Jaja, die Bürola! Entschuldigung, Frau Doktor Bür... Ach, wie ist bitte Ihr Name?

LÖSUNGEN

Übung 11

du im ersten Dialog, *Sie* im zweiten Dialog

LEKTION 2: JA, DA GEHT ES.

Die Unterrichtskommunikation

Kommunikation kann nur gelingen, wenn die Beteiligten dazu bereit (Gutwilligkeit) und in der Lage (Kompetenz) sind. Gutwilligkeit wird man einander fraglos zugestehen. Bei der Kompetenz des Lerners wird man berechtigte Einschränkungen vornehmen. Wieso nur bei ihm? Die Unterrichtskommunikation vollzieht sich nach dem Sender-Empfänger-Modell auf folgenden Ebenen:
1. Lehrwerk an Lehrer und Lerner; 2. Lehrer an Lerner; 3. Lerner an Lehrer und/oder Lerner.

<u>Kommunikationsebene 1: Das Lehrwerk</u>
Die Gliederung des Lehrwerks *Alltag, Beruf & Co.* spricht eine klare, fast schematische Sprache. Alle Lektionen sind gleich aufgebaut. Die Doppelseiten *Im Alltag* und *Im Beruf* im Kursteil und im Übungsteil erleichtern die Benutzung. Im Vorspann zu Lektion 1 haben wir Ihnen das Gestaltungsprinzip und das Durchnahmemodell aller Blöcke dargelegt. Innerhalb der Blöcke begnügen wir uns mit einer Handvoll Arbeitsanweisungen, die im Gegensatz zur Vielgestaltigkeit der Übungsansätze stehen. Die Arbeitsanweisungen sollen und wollen das Übungsanliegen im Verbund mit einem Lösungsbeispiel und einem Layout mit Aufforderungscharakter vermitteln. Übungen sprechen meist für sich selbst. Wenn also ein Lerner nach der Bedeutung von „*Ordnen* Sie *zu*" fragt , dann könnte eine gute Antwort sein: „Das erkläre ich Ihnen gleich. Machen wir aber erst mal die Übung", mit dem unausgesprochenen Zusatz „falls die Erklärung dann noch nötig ist".

<u>Kommunikationsebene 2: Der Lehrer</u>
Die Lehrer-Lerner- und die Lerner-Lehrer-Kommunikation ist der Modellfall für die Kommunikation des Lerners in *AB&C*. Bei jeder lebensnahen Fertigkeitsschulung, seien es die handwerkliche Ausbildung, der Musikunterricht oder das sportliche Training, gründet sich das Vermittlungskonzept auf Erleichterung, Verlangsamung und vorläufige Ausblendung. Warum sollte es im Sprachtraining anders sein? Also raten wir Ihnen:

- zu verlangsamtem und überdeutlichem, absichtsvollem Sprechen (Verständigung auf Anhieb)
- zu aufbauendem Voranschreiten in Grammatik und Wortschatz (keine Vorwegnahmen)
- zum Sprechen in ganzen Sätzen (keine sprachlichen Einsparungen und Verkürzungen)
- zur Einhaltung der dreischrittigen Phasierung
- zur ausnahmslosen Verwendung der Zielsprache im Unterricht.

Nicht die Lösung bringt den Könnenszuwachs, sondern die Tätigkeit, die zum Auffinden der Lösung führt. Es wäre daher nicht in unserem Sinne, wenn eine Übung zum Ankreuzen (zum Beispiel Lektion 2, Übung 3) so enden würde: „heute – Vormittag – Tim Dreysam; heute Nachmittag – Detlef Sechskorn" usw. Die Lösung einer Übung ist der wertvolle kommunikative Sprechanlass des Berichtens: „Bei Tim Dreysam geht es heute Vormittag. Heute Nachmittag geht es bei Detlef Sechskorn ..." Viele Übungen enthalten ein Äußerungsmuster zur Angabe der Lösung, z.B. Lektion 2, Übung 10 a): „Morgen geht es. Da habe ich Zeit." Die gleiche Absicht, nämlich den Lerner zur Sprache kommen zu lassen, verfolgt die häufige Übungsabfolge: „Fragen Sie einen Partner. – Machen Sie Notizen. – Berichten Sie" (z.B. Lektion 1, Übung 4). Das Lehrwerk bietet eine Musterformulierung für das Fragen an. Für das Notieren (in Stichwörtern!) gibt es Schreiblinien mit einem Mustereintrag. Für den Bericht in ganzen Sätzen anhand der stichwortartigen Notizen steht wieder ein Muster zur Verfügung.
Von didaktisch motivierter Verlangsamung und Verdeutlichung gibt es einen natürlichen Übergang zur muttersprachennahen Sprechweise. Hastiges, wenig artikuliertes Sprechen in Wortfetzen lockt den Lerner in eine Sackgasse ohne Umkehr.

<u>Kommunikationsebene 3: Der Lerner</u>
Der Lerner spiegelt die Kommunikation des Lehrers so, wie dieser sie ihm vorlebt. Für ihn gelten sinngemäß die gleichen Kommunikationsanforderungen wie für den Lehrer. Ihre Einhaltung ist die Aufgabe des Lerners und die Verantwortung des Lehrers.

Lektion 2

Durchnahmevorschläge,Transkripte, Lösungen

IM ALLTAG

Wer hat wann wie lange Zeit? – Kardinalzahlen von 0 bis 12 – Uhrzeit (nur volle Stunden) – Tageszeiten: Vormittag, Nachmittag, Abend – *heute, morgen, übermorgen* – dreigliedrige zusammengesetzte Wörter vom Typ Vier-Millionen-Stadt

	Lektion	**Übungen/Hausaufgaben**	**interkulturelle LK**
Übung 1 Vorberei-tung Wandkalen-der und Unterrichts-uhr wären nützlich. CD 11	KT gehen durch die Klasse, stellen mindestens 3 anderen die vorgegebene Frage, notieren die Antwort in Stichworten und berichten danach dem Plenum und einzelnen KT anhand der Notizen. L hält sich in der Phase der Unterrichtseröffnung mit Korrekturen und sonstigen Eingriffen zurück.		Wer eine Zeitanfrage, die in Wirklichkeit eine Bitte um einen Termin ist, ablehnt, muss die Ablehnung begründen und sein Bedauern zu erkennen geben. Eine Ablehnung ohne Begründung ist ein Regelverstoß. Eine Begründung ohne Bedauern wird als Unhöflichkeit aufgefasst.
Übung 2 CD AB 4	Die Abfolge erfragen, antworten, notieren und berichten (anhand der Notizen) ist für die Unterrichtseröffnung und den Unterrichtsabschluss eine häufig wiederkehrende Arbeitsaufgabe.	**A**: Die Hörübung wird in die Lektions-Übung nach Bedarf eingeschoben; sie dient dem Hörverständnis von Zahlen. Gern können KT an die Hörübung anknüpfen und einander ähnliche Zahlenfolgen diktieren, vielleicht ihre eigene Telefonnummer. **B**: ist als Hausaufgabe geeignet, aber auch als Gruppenarbeit, wenn dafür Zeit ist.	
Übung 3 CD 12–17	In einer textfixierten Klasse ist eine Vorentlastung durch Übung C a) hilfreich. Der (abweichende) Hörtext ist in diesem Fall die abschließende Ertragssicherung.	**C a)** unterstützt die Lektions-Übung oder geht ihr voraus. **C b)** ist als Hausaufgabe gedacht.	
Übung 4	Falls die Verständigung nicht gelingt, greift L Übung **C** mit besonderer Berücksichtigung der Aussprache der Zahlen erneut auf.	**D**: Bei Zeitknappheit kann KL **a)** bis **f)** auf die KT verteilen. Zur Kontrolle laut lesen lassen.	(Echte, angebliche) Terminfixierung und Terminnot im deutschsprachigen Raum und andernorts lädt zum landeskundlichen Vergleich ein.
Übung 5 CD 18 CD AB 5	KT interviewen einander, machen Notizen und tragen anhand der Notizen einander und dem Plenum vor (vgl. Ü 2). Der Dreierschritt „Wann? – Wann genau? – Wie lange?" soll in der ersten Hälfte eingehalten werden, bevor die KT zu einer freieren Anwendung übergehen.	**E**: Beiläufig bekommen KT ein Gefühl für den deutschen Satzbau durch die Bewusstmachung der Austauschstellen.	
Übung 6	KT stellen einander Fragen und beantworten sie in (Dreier-) Gruppen.	**F** wird zur Regulierung der Aussprache im Unterricht eingeschobe, **G** teilweise/ganz als Hausaufgabe gestellt.	Ü6 bietet Gelegenheit zum Vergleich mit dem Herkunftsland der KT.

TRANSKRIPT LEKTION

Übung 3

- ● Wie ist es mit morgen Vormittag, Frau Einser?
- ▲ Leider geht es morgen Vormittag nicht. Aber heute Abend habe ich Zeit.
- ● Also gut, heute Abend.

- ● Du, Helmut, geht es vielleicht morgen?
- ▲ Morgen ist nicht so gut. Aber heute Morgen geht es. Vielleicht um zehn?

- ● Hallo, Herr Dreysam, geht es bei Ihnen heute?
- ▲ Oh, leider geht es heute nicht. Und morgen geht es auch nicht. Aber übermorgen habe ich eine Stunde Zeit. Am Nachmittag um drei, geht das?

- ● Und heute? Geht es heute nicht, Frau Vierkant?
- ▲ Nein, heute nicht. Aber übermorgen geht es, übermorgen Vormittag.

- ● Thora, wann geht es bei dir?
- ▲ Heute und morgen nicht. Aber vielleicht geht es morgen Abend. Also gut, morgen Abend.

- ● Detlev, geht es übermorgen um eins?
- ▲ Um eins geht es nicht. Aber drei Uhr ist ok. Übermorgen Nachmittag um drei.

TRANSKRIPT ÜBUNGEN

Übung A

a) eins – acht – fünf – zwei – neun - sieben
b) zwei – vier – sieben – drei – drei – null
c) drei – null – neun – vier – fünf – sechs
d) sechs – acht – eins – zwei – null – acht
e) neun – zwei – null – eins – sechs – drei
f) vier – eins – neun – acht – drei – zwei
g) eins – null – zwei – null – sieben – sechs
h) zwei – acht – null – fünf – sieben – eins

Übung E b)

- ● morgen Nachmittag.
- ▲ Theo hat morgen Nachmittag drei Stunden Zeit.
- ● heute Abend
- ▲ Theo hat heute Abend drei Stunden Zeit.
- ● Ich
- ▲ Ich habe heute Abend drei Stunden Zeit.
- ● Haben Sie
- ▲ Haben Sie heute Abend drei Stunden Zeit?
- ● vier
- ▲ Haben Sie heute Abend vier Stunden Zeit?
- ● übermorgen
- ▲ Haben Sie übermorgen vier Stunden Zeit?
- ● Anita hat
- ▲ Anita hat übermorgen vier Stunden Zeit.

LÖSUNGEN LEKTION

Übung 3

Helmut Zweier: heute Vormittag – Dietrich Dreysam: übermorgen Nachmittag – Cornelia Vierkant : übermorgen Vormittag – Thora Fünfgelt: morgen Abend – Detlef Sechskorn: übermorgen Nachmittag

Übung 4

Martha hat von zwölf bis fünf Uhr fünf Stunden Zeit. – Tom hat von zehn Uhr bis elf Uhr eine Stunde Zeit. – Petra hat von neun Uhr bis zwölf Uhr drei Stunden Zeit. – Kurt hat von elf Uhr bis drei Uhr vier Stunden Zeit.

IM BERUF

Persönliche Dokumente: Ausweis, Visitenkarte, Telefonnummer, Adresse – Wie, wann und wo erreichbar? – (un)bestimmter Artikel Nominativ – *welch__?*

	Lektion	Übungen/Hausaufgaben	interkulturelle LK
Übung 7	KT bewegen sich frei im Klassenraum, um die Erreichbarkeit anderer KT zu ermitteln.		Nicht nur die unterschiedliche Gestaltung von persönlichen Kenndaten und Dokumenten, sondern auch die kulturspezifischen Vertraulichkeitsregeln treten zu Tage.
Übung 8 CD 19–25 CD AB 6–12	KT hören, tragen die Lösungen ein und sprechen nach dem Muster: *Ingrid Held ist am Nachmittag erreichbar.* Falls die Übung sich in die Länge zieht, kann L die kurzen Dialoge auf Einzelpersonen oder Kleingruppen verteilen.	**H** kann der Vorbereitung oder der Kontrolle von Ü 8 dienen.	
Übung 9	In Partnerarbeit: Zum Abschluss treten die Partner in ein Fragespiel ein: *Was ist das? – Das ist eine Postleitzahl. Richtig. Aber welche genau? – Das ist die Postleitzahl von Wien.*	**I** veranschaulicht Wortbedeutungen und erleichtert so ihre Einübung. Bei Fragen nach neuen Wörtern soll L zurückhaltend reagieren und auf die eingebauten Verständnishilfen hinweisen. **J:** Die grammatische Intention steht im Vordergrund. Bei Bedarf geht L auf die Regel ein.	In der Schweiz und in Österreich sind die Postleitzahlen vierstellig, in Deutschland seit 1992 fünfstellig. Frage an die KT: Wie sind sie in Ihrem Land?
Übung 10 CD AB 13	**a)** ist die Vorbereitung auf das Frage-Antwort-Spiel in **b)**. **c)** ist eine freie Anwendung mit rasch wechselnden Partnern.	**K:** Die strenge Aufgabenstellung zu dieser Hörübung steht in augenzwinkerndem Widerspruch zu dem sprachlichen Verwirrspiel.	

TRANSKRIPT LEKTION

Übung 8 b)

Dialog 1
Am besten bin ich am Nachmittag erreichbar, unter der Nummer drei, zwei, vier, sechs, null, neun, neun. Haben Sie das?

Dialog 2
Im Moment habe ich leider keine Zeit. Aber per Mail bin ich immer erreichbar. Meine E-Mail-Adresse ist mail ät felirei minus web Punkt dee ee. Ich buchstabiere felirei: eff, ee, ell, ii, rr, ee, ii.

Dialog 3
Ja, ich bin morgen telefonisch erreichbar. Haben Sie meine Nummer? Gut. Nein, elf. Die Hausnummer ist elf, Schöneberger Allee 11.

Dialog 4
Ja, morgen Vormittag bin ich da. Um elf Uhr, geht das? Ja, gern. Die Nummer ist eins, zwei, fünf, zwei, vier, null, vier. Fax habe ich auch: zwei, vier, null, drei.

Dialog 5
Einverstanden, um zehn Uhr bei Firma Trebon. Wie bitte? Ach so, nein, das ist nicht nötig. Ich wohne in Frankfurt.
Dialog 6
Morgen und übermorgen bin ich im Büro. Ja, morgen Vormittag um neun Uhr, das ist okay. Nein, nicht mit ee. Kärcher mit ää und tsee, haa.
Dialog 7
Ja, das ist richtig. Ich bin Schweizerin und wohne in Zürich. Aber im Moment arbeite ich in Heidelberg. Sie haben meine Visitenkarte, ja? Die Telefonnummer geht natürlich nicht, aber die E-Mail-Adresse ist in Ordnung: info ätt buroi Punkt komm. Die geht immer.

TRANSKRIPT ÜBUNGEN

Übung H
Dialog 1
- ● Du Jürgen, wir haben da eine ganz wichtige Sache. Wann hast du Zeit?
- ▲ Hm, gute Frage. Wann habe ich Zeit? Nie. Nein, für dich habe ich natürlich immer Zeit. Wie wär's mit morgen Abend? Morgen Abend, das würde bei mir gehen.

Dialog 2
- ● Frau Kärcher, wann geht es bei Ihnen mit dem Messebesuch?
- ▲ Übermorgen. Das hatte ich Ihnen aber schon gesagt.
- ● Vormittag oder Nachmittag?
- ▲ Vormittag.

Dialog 3
- ● Herr Reimann, wie wär's mit heute Nachmittag?
- ▲ Okay, das geht.

Dialog 4
- ● Heute Abend gehen wir ins Sausalito. Gehst du mit, Lucy?
- ▲ Morgen geht es. Bitte morgen.
- ● In Ordnung, wir gehen morgen.

Dialog 5
- ● Hallo, Norbert. Hast du mal einen Moment Zeit?
- ▲ Oh, tut mir leid. Aber jetzt geht es nicht. Heute Nachmittag, da kann ich.

Dialog 6
- ● Herr Held, können wir für morgen Nachmittag einen Termin vereinbaren?
- ▲ Ja, gern. Das geht gut.

Dialog 7
- ● Du, Roswitha, wann hast du mal eine Stunde Zeit?
- ▲ Oh, heute geht es nicht. Heute habe ich keine Zeit.
- ● Ich frage nicht, wann du keine Zeit hast. Ich frage, wann du Zeit hast. Also: Wann geht es?
- ▲ Übermorgen Nachmittag. Aber nur eine Stunde.

Übung K
- ● Frau Gutzeit sagt, immer hast du nie Zeit für sie.
- ▲ Das ist nicht richtig. Ich habe nicht immer nie Zeit. Ich habe nicht immer Zeit.
- ● Und heute?
- ▲ Heute geht es nicht.
- ● Hast du für Frau Gutzeit morgen Zeit?
- ▲ Das sage ich Frau Gutzeit morgen.
- ● Ja, aber morgen ist dein „morgen" heute. Und du sagst, heute geht es nicht.
- ▲ Richtig.
- ● Geht es übermorgen?
- ▲ Ich telefoniere übermorgen mit Frau Gutzeit.
- ● Aber übermorgen ist übermorgen auch heute!!

LÖSUNGEN LEKTION

Übung 8
a) Jürgen Pälzer: dienstlich und privat telefonisch, auch mobil, und per E-Mail, per Post – Lucia Buroi: per Post, telefonisch und per E-Mail – Michaela Kärcher: nicht erreichbar – Norbert Mletzko: per Post, Fax und E-Mail, telefonisch – Felix Reimann: per Post, E-Mail und telefonisch – Roswitha Wennrich: per Post und telefonisch – Ingrid und Georg Held: telefonisch, per Post
b) Dialog 2: Felix Reimann, immer; Dialog 3: Roswitha Wennrich, morgen; Dialog 4: Norbert Mletzko, morgen Vormittag um 11 Uhr; Dialog 5: Jürgen Pälzer, um 10 Uhr; Dialog 6: Michaela Kärcher, übermorgen Vormittag um 9 Uhr; Dialog 7: Lucia Buroi, immer

Übung 9
2 Das ist eine Adresse. Das ist die Adresse von Felix Reimann. – 3 Das sind E-Mail-Adressen. Das sind die E-Mail-Adressen von Lucia Buroi und (von) Felix Reimann. – 4 Das ist eine Telefonnummer. Das ist die Telefonnummer von Lucia Buroi. – 5 Das ist ein Foto. Das ist das Foto von Michaela Kärcher. – 6 Das sind Postleitzahlen. Das sind Postleitzahlen von Wien, Berlin und Frankfurt. – 7 Das sind Berufe. Das sind die Berufe von Ingrid Held und Lucia Buroi. – 8 Das ist ein Vorname. Das ist der Vorname von Herrn Held. – 9 Das sind Telefonnummern. Das ist die Telefonnummer von Roswitha Wennrich und die Handynummer von Jürgen Pälzer. – 10 Das ist eine Internetadresse. Das ist die Internetadresse von Jürgen Pälzer. – 11 Das sind Fotos. Das sind die Fotos von Michaela Kärcher und (von) Jürgen Pälzer. – 12 Das ist ein Familienname. Das ist der Familienname von Gerhard und Ingrid Held. – 13 Das ist eine Faxnummer. Das ist die Faxnummer von Norbert Mletzko.

Magazin

Gibt es das? – Zahl + Nomen + Nomen – Häufigkeitsangaben

	Lektion	Übungen/Hausaufgaben	interkulturelle LK
Übung 11	Der Informationsaustausch setzt ungesteuert ein. KT sollen sich im weiteren Verlauf Notizen machen und berichten. Gegensätzliche Meinungen sind willkommen und brauchen von L nicht aufgelöst zu werden.		Die Illustrationen sind nicht nur Verdeutlichungen der Bildinhalte, sondern können auch Ausgangspunkt für vergleichende landeskundliche Exkurse sein.
Übung 12	Über die Schlüsselfrage „Was passt zu ...?“ kommt das grammatische Lernziel *welch__* in den Blick.	**L** wiederholt den Nominalartikel und bereitet so die Formen von von *welch_* in **M** vor. Übung L führt Übung O von Lektion 1 fort.	
Übung 13 CD 26	L soll nicht in eine unterrichtliche Hörverständniskontrolle einsteigen. Eher sind ein paar knappe Schlüsselfragen zur Bewertung des Humors und besonders eine Ermutigung zum Nach- und Weiterspielen angebracht.		In interessierten und sprachhomogenen Klassen ist ein kurzer Austausch über kulturspezifische Erscheinungsformen von Sprachwitz auch in der Muttersprache der KT sinnvoll.

TRANSKRIPT

Übung 13

- ● Frau Regenhardt, geht es heute?
- ▲ Ja, Herr Rübsam, heute habe ich Zeit.
- ● Ich meine jetzt. Geht es jetzt?
- ▲ Jetzt geht es auch.
- ● Haben Sie jetzt zwei Stunden Zeit? Jetzt?
- ▲ Zwei Stunden, ja, das geht. Ich habe drei Stunden Zeit.
- ● Drei? Nicht zwei?
- ▲ Ich habe zwei, drei Stunden Zeit.
- ● Zwei, drei ...?
- ▲ Ja, zwei oder auch drei.
- ● Ah, Sie haben zwei Stunden Zeit. Sie haben auch drei Stunden Zeit. Nicht „oder“. In Ordnung?
- ▲ Okay. Zwei Stunden und drei Stunden.
- ● Was? Zwei und drei? Haben Sie fünf Stunden Zeit?
- ▲ Nein, nicht fünf.
- ● Also nicht zwei *und* drei.
- ▲ Zwei und drei oder zwei oder drei, das ist doch egal. Ich habe Zeit. Jetzt!
- ● Moment, Moment, Moment. Es ist jetzt neun Uhr. Wann haben Sie die zwei Stunden Zeit?
- ▲ Jetzt, von neun bis elf Uhr.
- ● Gut. Und wann haben Sie die drei Stunden Zeit?
- ▲ Von neun bis zwölf Uhr.
- ● Liebe, gute Frau Regenhardt, Sie sagen, Sie haben von neun bis elf Uhr zwei Stunden Zeit. Richtig?
- ▲ Richtig.
- ● Dann haben Sie von neun bis zwölf Uhr drei minus zwei ist eine Stunde Zeit.
- ▲ Lieber, guter Herr Rübsam ...

LÖSUNGEN

Übung 12

b-1-A, c-3/6-B, d-4-F, e-5-E, f-6-J, g-6/3-C, h-3-D, i-3-G

Name: ____________________ **Kurs:** __________

HÖREN

Haben die Leute Zeit? Wann genau geht es? Lesen Sie die Aufgaben 1–10. Hören Sie dann die Dialoge (CD 12–17/Ü3, Kursbuch S.17).

	Geht es …	Ja	Nein	Wann genau geht es?
0 Rosa Einser	morgen Vormittag?		X	0 heute Abend
1 Helmut Zweier	morgen?			2 ______________
3 Tim Dreysam	heute?			4 ______________
5 Cornelia Vierkant	heute?			6 ______________
7 Thora Fünfgelt	morgen?			8 ______________
9 Detlef Sechskorn	übermorgen?			10 ______________

Punkte: ____/10

LESEN

Was ist richtig? Was ist falsch? Kreuzen Sie an.

	richtig	falsch
0 Der Vorname ist Jürgen.	X	
1 Herr Pälzer hat privat kein Telefon.		
2 Er hat eine Internet-Adresse.		
3 Die Telefonnummer im Büro ist 865 66 370.		
4 Er wohnt in Offenbach.		
5 Er ist Informatiker von Beruf.		
6 Er ist per E-Mail erreichbar.		
7 Die Postleitzahl ist 60599.		
8 Jürgen Pälzer kommt aus Österreich.		
9 Es gibt ein Foto von Jürgen Pälzer.		
10 Jürgen Pälzer hat kein Handy.		

Punkte: ____/10

GRAMMATIK

Schreiben Sie die Wörter in die Lücken.

arbeitet – aus – wer – bin – Das – ~~heiße~~ – woher – in – ist – Sie – von

- ● Ich (0) heiße________ Jens Krüger. Ich (1) __________ Student. Und das ist Elisabeth Neumann. Sie kommt (2) __________ München. Neumann (3) __________ der Familienname. (4) __________ ist Elektroingenieurin und wohnt jetzt (5) __________ Berlin. Und (6) __________ ist der Herr da?
- ▲ (7) __________ ist Stefan König. Er ist Informatiker (8) __________ Beruf und er (9) __________ als Programmierer.
- ● Und (10) __________ kommt er?
- ▲ Aus Österreich.

Punkte: ____/10

Alltag, Beruf & Co. 1, Lehrerhandbuch, ISBN 978-3-19-141590-7, © Hueber Verlag 2009

Zwischentest 1

SCHREIBEN

Schreiben Sie die Wörter.

0	**–**	*minus*
1	**10**	
2		Es ist
3	**1-Mann-Betrieb**	mannbetrieb
4	**PLZ**	die
5	**7**	
6	**9.00 Uhr – 12.00 Uhr**	am
7		
8	Hueber Verlag Max-Hueber-Str.4 85737 Ismaning	die von Hueber
9	Max-Hueber-Str. 4	Die ist vier.
10	**€ 12,-**	

Punkte: ____/10

WORTSCHATZ

Welches Wort passt? A, B oder C?

Tom Jenkins

Ich bin (0) *Student*. Ich (1) ____________ aus London. Jetzt (2) ____________ ich als Praktikant bei der (3) ____________ Weidrich. Ich (4) ____________ bei Frau Brenner Deutsch. Der Deutschkurs hat 15 (5) ____________. Der Kurs ist immer am (6) ____________. Aber heute (7) ____________ es nicht. Frau Brenner, die (8) ________, hat keine (9) ____________. Heute ist kein Unterricht. Der Unterricht ist (10) ____________.

	A	B	C
0	A Student ✓	B Herr	C Informatikerin
1	A wohne	B komme	C lerne
2	A heiße	B mache	C arbeite
3	A Firma	B Betrieb	C AG
4	A mache	B begrüße	C lerne
5	A Leute	B Teilnehmer	C Mitarbeiter
6	A Abend	B heute	C acht Uhr
7	A geht	B kommt	C hat
8	A Lehrer	B Chefin	C Lehrerin
9	A Stunde	B Zeit	C Wohnung
10	A Vormittag	B übermorgen	C immer

Punkte: ____/10

Ergebnis: ____ Punkte x 2 = ______/100

Alltag, Beruf & Co. 1, Lehrerhandbuch, ISBN 978-3-19-141590-7, © Hueber Verlag 2009

LEKTION 3: ALSO VON 10.30 UHR BIS 12.00 UHR!

Die Grammatik in *Alltag, Beruf & Co.*

In den Lektionen 1 und 2 haben die Kursteilnehmer unter anderem kennengelernt:

- die Verbformen im Präsens Singular
- die Wortstellung im Aussage- und Fragesatz
- die Zahlen von 1–12
- die formelle Uhrzeit zur vollen Stunde
- die bestimmten und unbestimmten Artikel
- das Fragewort *welche_*
- einige Präpositionen

Lektion 3 baut darauf auf und erweitert unter anderem um

- die Verbformen im Plural mit Ausnahme der 2. Person (*ihr*)
- die Zahlen von 13–99
- die formelle Uhrzeit (minutengenau)

Die obige Verteilung verdeutlicht, dass sich die grammatischen Lernanliegen den jeweiligen sprachlichen Lernzielen unterordnen und nicht der Anforderung eines wie auch immer gearteten „vollständigen" Regelsystems folgen. Die Kursteilnehmer machen sich mit Satzbau, Formenlehre und allen anderen sprachlichen Regularitäten soweit bekannt, wie es die kommunikative Situation, die Sprachhandlungen und Mitteilungsabsichten erfordern. Wir raten Ihnen dazu, sich dieser schrittweisen Annäherung ans grammatische Regelwerk anzuvertrauen und nicht über das Ziel der betreffenden Lektion hinauszugehen. Sie erzielen mit diesem Prinzip der **zyklischen Progression** die lernökonomisch größte Wirkung: Einführen, Bewusstmachen, Einüben der (Teil-)Regel – Fallenlassen – Wiederaufgreifen – Erweitern – Vertiefen usw.

Im Allgemeinen werden grammatische Erscheinungen

- zunächst in der Kombination von Abbildungen und Redemitteln am Beginn jeder Doppelseite präsentiert,
- eingebettet in einen Hör- und/oder Lesetext demonstriert,
- im Mittelteil der Doppelseite eingeübt (in Lektion 3 die Übungen 2, 4 und 5),
- anhand der Grammatikübersicht (zwischen Lektions- und Übungsteil, also jeweils Seite 11, 21, 31, 41 usw.) in ihrer Regelhaftigkeit bewusst gemacht; die zugeordneten Hinweise bilden die Brücke zwischen den jeweiligen Übungen (in Lektion 3 zum Beispiel Übung 2, 4 und 5) und der Grammatikübersicht.

Die Regel ist also nicht der Ausgangspunkt, sondern das Ergebnis des Lernschritts. Wir deduzieren nicht, sondern induzieren die Regel. Sie wird

- in weiteren Übungen im Übungsteil eingeübt; dort rückt die grammatische Regelbildung stärker in den Vordergrund.
- in der Anwendungsübung am Ende der Doppelseite in einer wirklichkeitsnahen Situation angewendet; ihre kommunikative Leistung wird noch einmal verdeutlicht.
- im Umfang des Lektionsinventars anhand der Grammatikübersichten zwischen Lektions- und Übungsteil (jeweils auf den Seiten 11, 21, 31, 41 usw.) zusammengefasst.

Anhand dieser Übersichten können Sie und Ihre Kursteilnehmer leicht den jeweils erreichten Kenntnisstand in Formenlehre und Satzbau nachvollziehen. Beispiel Konjugation:

Lektion 1: 1., 2., 3. Person Präsens von *heißen*, *kommen*, *arbeiten* und *sein*
Lektion 2: im Wesentlichen wiederholend
Lektion 3: 1. und 3. Person Plural
Lektion 4: Erweiterung um die starken Verben mit *e-i*-Wechsel im Präsens (*ich esse, du/er isst*)
Lektion 5: 2. Person Plural (*ihr*), *ich nehme – ihr nehmt, ich fahre – ihr fahrt* sowie *haben*

Durchnahmevorschläge, Transkripte, Lösungen

IM ALLTAG

Unterricht, Stundenplan – *Wann? Am Freitag, um ... Uhr – Wie lange? Einen Tag, drei Stunden, zehn Minuten, ... – Wie oft? Einmal, zweimal ... pro Tag/Woche ...* – Wochentage – Zahlen von 11–99 – formelle Uhrzeit: *8.30 Uhr, 13.45 Uhr ...* – Konjugation: 1. Person Plural

	Lektion	**Übungen/Hausaufgaben**	**interkulturelle LK**
Übung 1 Projektionsfolie Stundenplan CD 27	**a)** KT bewegen sich im Raum, stellen Fragen und beantworten Fragen zum Stundenplan mit wechselnden Partnern. Die Übung bietet folgende Möglichkeiten: Vortrag einzelner KT vor der Klasse, Vortrag in der Gruppe, Partnerarbeit **b)** KT beziehen sich auf den Stundenplan mit den „handschriftlichen" Einträgen für Mittwoch und Freitag sowie auf die Ankündigung der Exkursion.	**A:** Bewusstmachung: *freitags* (regelmäßig, immer am Freitag) *am Freitag* (an einem bestimmten Tag) **B**: Es sind jeweils zwei Lösungen möglich, z. B. acht Uhr / zwanzig Uhr; Achtung: ein (!) Uhr zehn	Kursorganisation, Kursbestandteile
Übung 2 CD 28 CD AB 14 CD AB 15	Machen Sie die Abweichung der mündlichen Form vom Schriftbild der mehrstelligen Zahlen ab 13 bewusst (siehe auch Grammatik, S. 31). Vorschlag: Zahlen von CD 28 an die Tafel schreiben; hören, während L oder KT die Abfolge der Ziffern durch Zeigen bewusst machen; dann Übergang zur KB-Übung.	**C:** Hausaufgabe **D** (Aussprache) kann hier oder an anderer Stelle gemacht werden.	
Übung 3 CD 29	Vorschlag zur weiteren Vorentlastung von Teil **b)**: „Notizzettel" am OHP / an der Tafel; KT überlegen: „Wie kann die Kursnummer lauten?" „Wie viele freie Plätze gibt es noch?" usw. und tragen plausible Angaben ein.	**E:** schließt sich zur Sicherung der auch beruflich relevanten Begriffe an.	
Übung 4	Das grammatische Lernanliegen steht im Vordergrund: Konjugation Präsens, hier erweitert um die 1. Pers. Pl. (2. Pers. Pl.: Lektion 5)	**F**: Teil **a)** zur Absicherung im Unterricht, **b)** und **c)** als Hausaufgabe	
Übung 5 CD AB 16	Die Anwendungsübung greift die Redeabsicht der Einstiegssituation (**Ü 1**) sowie Wortschatz und Strukturen der Doppelseite auf. Mündliche Interaktion, der Bericht eventuell (auch) als Schreibaufgabe.	**G** (Sprechübung), **H** (Semantisierung) vor dem Einstieg in die Anwendungsphase. **I** bietet ein Modell für den Bericht in Ü 5.	Der Arbeits-/Kurstag in Deutschland, Österreich und der Schweiz im Vergleich zum Herkunftsland der KT

TRANSKRIPT LEKTION

Übung 2

zehn – elf – zwanzig – dreißig – neunzig – einundzwanzig – vierundzwanzig – sechsundfünfzig – siebenundfünfzig – neunundfünfzig

Übung 3

- ● Volkshochschule Ottobrunn, mein Name ist Feistl. Kann ich Ihnen helfen?
- ▲ Guten Tag, Herr Feistl. Hier ist Samira Mutinda. Ich interessiere mich für den Kurs „Windows XP Grundlagen".
- ● Haben Sie die Kursnummer?
- ▲ Ja, Moment ... die Kursnummer ist vierundfünfzig dreißig null eins.
- ● Warten Sie, vierundfünfzig dreißig null eins, Einführung ins Betriebssystem Windows XP für 24 Teilnehmer.
- ▲ Richtig, im November, zweimal dienstags und zweimal donnerstags, pro Abend drei Stunden.
- ● Genau, abends immer von 18.30 Uhr bis 21.30 Uhr, insgesamt also 12 Stunden für 98 Euro, einschließlich Lehrbuch.
- ▲ Ja gut, sind da noch Plätze frei?
- ● Bis jetzt haben wir 18 Teilnehmer. 6 Plätze sind also noch frei. Möchten Sie sich anmelden?
- ▲ Ja, bitte.
- ● Gut, dann brauchen wir Ihre schriftliche Anmeldung mit Adresse und Kontonummer, gern per Mail ...

TRANSKRIPT ÜBUNGEN

Übung D

a)

Nummer eins: siebzig – siebzig. Nummer zwei: fünfzig – fünfzig. Nummer drei: neunzehn – neunzehn. Nummer 4: vierzig – vierzig. Nummer 5: dreizehn – dreizehn. Nummer 6: sechzehn – sechzehn. Nummer 7: achtzig – achtzig. Nummer 8: zwölf – zwölf

b)

siebzig – siebzehn – fünfzig – fünfzehn – neunzig – neunzehn – vierzig – vierzehn – dreißig - dreizehn

Übung G

- ● Wie lange dauert der Kurs?
- ▲ Zwei Wochen.
- ● Wie viele Teilnehmer sind im Kurs?
- ▲ Neunzehn Teilnehmer.
- ● Wie viele Teilnehmer kommen aus Italien?
- ▲ Zwölf Teilnehmer.
- ● Wann beginnt der Kurs?
- ▲ Am Montag.
- ● Wie viele Stunden pro Woche hat der Kurs?
- ▲ Zwanzig Stunden pro Woche.
- ● Wie viele Stunden pro Tag hat der Kurs?
- ▲ Vier Stunden pro Tag.
- ● Und die Kursgebühren pro Stunde?
- ▲ Fünfzehn Euro pro Stunde.

LÖSUNGEN LEKTION

Übung 1

b) 1 R – 2 R – 3 F – 4 F – 5 F– 6 R – 7 R (Exkursion!) – 8 F – 9 R – 10 F

Übung 2

12: eins-zwei – 13: dreizehn – 18: eins-acht, achtzehn – 24: zwei-vier – 54: fünf-vier, vierundfünfzig – 98: neun-acht, achtundneunzig

Übung 3

a) 1 Samira Mutinda; 2 dienstags und donnerstags, 18.30 Uhr–21.30 Uhr; 3 ja; 4 ja
b) Kursnummer: 54-30-01; Anmeldungen bis heute: 18; freie Plätze: 6; Tage: dienstags und donnerstags; Zeit: 18.30 Uhr – 21.30 Uhr; Stundenzahl: 12; Kursgebühr: € 98,-

Übung 4

Ich komme aus Frankreich. Er kommt auch aus Frankreich. Klaus und Eva kommen auch aus Frankreich. Kommst du auch aus Frankreich? Und Sie, Herr Zöllner, Sie kommen auch aus Frankreich. Wir kommen also alle aus Frankreich. – Ich telefoniere heute. Er telefoniert auch heute. Klaus und Eva telefonieren auch heute. Telefonierst du auch heute? Und Sie, Herr Zöllner, Sie telefonieren auch heute. Wir telefonieren also alle heute. – Ich bin Ingenieur von Beruf. Er ist auch Ingenieur von Beruf. Klaus und Eva sind auch Ingenieure von Beruf. Bist du auch Ingenieur von Beruf? Und Sie, Herr Zöllner, Sie sind auch Ingenieur von Beruf. Wir sind also alle Ingenieur von Beruf.

IM BERUF

Terminplanung, Tagesordnung, *am Freitag, um ... Uhr – Wie lange? Eine Stunde, zehn Minuten ...* – Wochentage – Zahlen von 11 bis 99 – formelle Uhrzeit: *8.30 Uhr, 13.45 Uhr ...* – Konjugation: 1. Person Plural – Beginn und Ende – *da:* Angabe der Anwesenheit, des Zeitpunkts

	Lektion	**Übungen/Hausaufgaben**	**interkulturelle LK**
Übung 6 CD 30 CD 31 CD 32	KT verständigen sich in Partnerarbeit über die Termine. So löst man die Aktivität unkompliziert aus: – L befragt einen oder zwei KT. – KT antworten. – KT befragt einen Partner. – Partner antwortet. KT machen selbstständig weiter.		persönliches/berufliches Zeitmanagement, Tagesplanung, Tagesablauf
Übung 7	**a)** KT orientieren sich bei ihren Vermutungen an den Funktionen der Besprechungsteilnehmer. L hält sich mit Erklärungen zurück, lässt unterschiedliche Zuordnungen vorerst stehen. (Wiederaufgreifen in Ü 8) In **b)** stehen Zeitangaben im Vordergrund → Vorbereitung auf die Partnerarbeit: Angabe des Zeitpunkts (Beginn u. Ende)	**J:** KT stellen Fragen zur Tagesordnung in Ü 7 und beantworten Fragen. **K** ergänzt die mündliche Partnerübung 7 c) um einen schriftlichen Abschluss.	Konferenz, Besprechung als Instrument betrieblicher Kommunikation und Entscheidungsfindung
Übung 8 CD 33 CD AB 17	**a)** KT klären, bestätigen und korrigieren ihre Vermutungen von Ü 7 a); **b)** und **c)** üben das Detailverstehen: Einige Änderungen der Tagesordnung verlangen konzentriertes Zuhören.	**L a)** Zeitpunkt und Dauer; KT schreiben die Zeitangaben zur Vorbereitung auf die Sprechübung **b)**.	
Übung 9	*da* als Kurzform für *zu dieser Zeit* (siehe Ü 7) und für *... ist anwesend* (siehe Ü 8) macht Ü 9 bewusst. (Lektion 7 ergänzt die Bedeutung *dort, an diesem Ort.*)	**M:** Vier Beispiele für die zwei Bedeutungen des Adverbs *da* **N:** Verbalnomen vom Typ *die ...ung(en)*	
Übung 10	In Gruppen bewerten KT die Planung: Übergewichtung der Freizeit- und protokollarischen Punkte (Disco, Begrüßung, Mittagspause ...), Untergewichtung der dienstlichen Punkte. Korrektur der Planung und Vortrag	**O:** Wortschatzübung. Halten Sie die KT zu Einträgen ins persönliche Vokabelheft an.	Zusammenleben und Zusammenarbeit im Unternehmen

TRANSKRIPT LEKTION

Übung 8

● Liebe Kolleginnen und Kollegen, ich begrüße Sie wie immer montags um diese Zeit zu unserer Wochenbesprechung. Danke, dass Sie alle pünktlich da sind.
▲ Aber Herr Unterberg ist nicht da!
● Ja richtig. Er ist noch nicht da. Er hat noch zu tun, aber er kommt um 9.15 Uhr. Er hat Fragen zu den Hardware-Problemen im Vertrieb, das ist Tagesordnungspunkt 3, und er informiert über Tagesordnungspunkt 4. Das dauert von 9.20 Uhr bis 10.00 Uhr. Alle anderen sind aber da, besonders auch Frau Huang, unsere neue Praktikantin aus China. TOP 1 ist die Begrüßung von Frau Huang. Frau Gühring stellt sie gleich vor.
Um 9.05 Uhr informiert Herr Engelmann kurz über den Prospekt „Papier und Büro". Dafür haben wir 15 Minuten Zeit. Für die Tagesordnungspunkte 3 und 4 haben wir wie gesagt 40 Minuten.
TOP 5, Vorbereitung Jahreskonferenz, dauert 30 Minuten. Ich habe einige neue Informationen für Sie und wir müssen auch noch ein paar Fragen diskutieren.
Frau Hübner, für Sie ist auch TOP 6, unser Betriebsausflug im Juli, wichtig. Um 10.45 sind wir dann hoffentlich pünktlich fertig. Gibt es etwas zum TOP 7, Verschiedenes? Gibt es da Punkte?
■ Also, ja … / Nicht wirklich. Nein, alles in Ordnung. / Eigentlich nichts.
● Gut, dann haben wir für den Prospekt etwas mehr Zeit, 20 oder 25 Minuten. Dann beginnt Tagesordnungspunkt 3 um 9.30 Uhr, Punkt 4 um 9.50 Uhr, TOP...

TRANSKRIPT ÜBUNGEN

Übung L b)

● Konferenzbeginn?
▲ Die Konferenz beginnt um neun Uhr dreißig.
● Und das Ende?
▲ Die Konferenz ist um fünfzehn Uhr dreißig zu Ende.
● Dauer?
▲ Die Konferenz dauert sechs Stunden.
● Kursbeginn?
▲ Der Kurs beginnt am Montag.
● Und das Ende?
▲ Der Kurs ist am Freitag zu Ende.
● Dauer?
▲ Der Kurs dauert fünf Tage.
● Beginn Mittagspause?
▲ Die Mittagspause beginnt um zwölf Uhr dreißig.
● Und das Ende?
▲ Die Mittagspause ist um dreizehn Uhr fünfzehn zu Ende.
● Dauer?
▲ Die Mittagspause dauert fünfundvierzig Minuten.

LÖSUNGEN LEKTION

Übung 7

b) 1 Ja (vermutlich); 2 Ja; 3 Nein; 4 Ja (wenn Frau Huang zu den Mitarbeitern gezählt wird) / Nein (wenn Frau Huang als Besucherin angesehen wird); 5 Nein (wenn Frau Huang zu den Mitarbeitern gezählt wird) / Ja (wenn Frau Huang als Besucherin angesehen wird); 6 Ja; 7 Nein; 8 Nein

Übung 8

a) TOP 2: Herr Engelmann; TOP 3: Herr Unterberg; TOP 4: Herr Unterberg; TOP 5: Herr Zöllner; TOP 6: Frau Hübner
b) TOP 2 dauert 20–25 Minuten. Für TOP 7 gibt es kein Thema
c) Herr Unterberg ist noch nicht da. Er kommt um 9.15 Uhr.

Übung 9

Lieber Herr Engelmann, morgen um 10.00 Uhr bin ich nicht da **1** . Da **2** habe ich ein Gespräch bei Frau Köhler. Ich bin um 11.00 Uhr wieder da **1** . Aber mein Kollege Martinelli ist um 10.15 Uhr da **1** . Da **2** hat er Zeit für Sie. Da **2** kommt auch Herr Dr. Zinser. Vielleicht diskutieren Sie das Problem zusammen. Aber um 11.00 Uhr bin ich ja auch wieder da **1** . Vielleicht sind Sie da **2** auch noch da **1** .

MAGAZIN

Öffnungszeiten von Geschäften, Ärzten und anderen Dienstleistern – Hinweisschilder – Wochentage – Zeitangaben

	Lektion	Übungen/Hausaufgaben	interkulturelle LK
Übung 11	Die Hinweisschilder mit den Öffnungszeiten werden projiziert. KT gehen im Raum umher und bitten wechselnde Partner um Auskunft (s. Redemittel in der Mitte der Seite). Allmählich können sie zu weiteren Auskünften übergehen: Öffnungszeiten Bank/Post/Mensa/ Bibliothek ..., Beginn der Kinovorstellungen / der Mittagspause ...	Leseverstehen **P** kann als Hausaufgabe gemacht werden.	Öffnungszeiten: In welchem Umfang stehen ärztliche Dienstleistungen zur Verfügung? Bewertung der Öffnungszeiten von Geschäften, Kneipen und Clubs: eher eingeschränkt oder eher lang und großzügig bemessen?
Übung 12 CD 34	Die Hörverständnis-Fragen **a)** und **b)** können beiläufig bearbeitet werden. Wichtiger ist, dass die KT erkennen: Es handelt sich um eine ironisierende Darstellung einer – vergeblichen – Terminsuche; besonders der männliche Gesprächspartner ist hastig und übereifrig. Letztlich wissen beide nicht, zu welchem Zweck sie sich verabreden wollen und kommen zu keinem Ergebnis.		Typisch deutsch/österreichisch/ schweizerisch? Frage an die KT: Kennen Sie so etwas aus Ihrem Heimatland?

TRANSKRIPT

Übung 12

- ● Ah, hallo ... äh, wir wollen doch schon lange mal ...
- ▲ Ja, richtig, prima!
- ● Genau! Aber wann??
- ▲ Na, gleich morgen. Geht das?
- ● Morgen!? Mmmm – n-nein, morgen ist es schlecht. Morgen geht es nicht.
- ▲ Nicht? Und am Donnerstag?
- ● Donnerstag? Ja, Donnerstag ist gut. Da habe ich ... Moment ... um 22.30 Uhr Zeit. Da habe ich noch keinen Termin.
- ▲ Das ist aber sehr spät. Das ist ja schon in der Nacht! Vielleicht besser am Wochenende?
- ● Na gut, dann nächstes Wochenende.
- ▲ Okay, nächstes Wochenende.
- ● Ja, am Samstag habe ich zwischen 11.45 Uhr und 12.00 Uhr Zeit. 10 Minuten, vielleicht auch 15!
- ▲ Nur zehn Minuten?
- ● Ja, leider. Um 12.00 Uhr habe ich, äh ... ja, was habe ich denn da? Moment, warten Sie ...
- ▲ Schon gut. Vielleicht ist das Wochenende doch keine gute Idee. Aber vielleicht am Montag?
- ● Oh je, da habe ich eine Besprechung, eine Konferenz, die dauert den ganzen Tag, von neun bis 19.00 oder 20.00 Uhr. Schade ... Ach, ich sage Ihnen was: Wir telefonieren mal, noch diese Woche.
- ▲ Okay, wann?
- ● Ja, wann, wann ... das ist ein Problem, das ist wirklich ein Problem ...

LÖSUNGEN

Übung 11

Beispiele: Die Sprechstunde von Dr. Wirth beginnt montags bis freitags um 8.30 Uhr. Mittags ist sie um 12.00 Uhr zu Ende. Die Öffnungszeit im Frischemarkt dauert sonntags zwei Stunden / von 8.00 – 12.00 Uhr. Die Sparkasse ist vormittags von 8.30 bis 12.30 Uhr geöffnet. Das Sausalitos schließt montags bis donnerstags um 1.00 Uhr ...

Übung 12

a) nein
b) 1 morgen; 2 am Donnerstag; 3 am nächsten Wochenende; 4 am Samstag zwischen 11.45 und 12.00; 5 am Montag

LEKTION 4: KARTOFFELN? – KARTOFFELN! – KARTOFFELN ...

Den Wortschatz aufbauen

Je weiter sie in der Arbeit mit *Arbeit, Beruf & Co.* vorankommen, desto mehr stehen die Kursteilnehmer vor der Aufgabe, immer längeren Hör- und Lesetexten mit immer umfangreicherem Wortschatz relevante Informationen zu entnehmen. Das bedeutet, mit zufälligem Überfluss-Wortschatz umzugehen, den Lernwortschatz von akzidentiellem Wortschatz zu unterscheiden, relevanten Wortschatz zu lernen, zufälligen Wortschatz zu vernachlässigen und nicht über ihn als Verständnishindernis zu stolpern. Die Kursteilnehmer neigen dazu, für das Verständnis unwichtige (also akzidentielle) Wörter überzubewerten und zum Verständnis- und Lernhindernis zu erklären. Setzen Sie dem Widerstand entgegen. Es hilft den Teilnehmern nicht weiter.

Wie erkennt man den **Lernwortschatz**?
Die Redemittel am Anfang jeder Doppelseite im „Im Alltag"/„Im Beruf" gehören immer zum Lernwortschatz.
Die Aufgabenstellungen zu den Übungen zielen in der Regel auf den Lernwortschatz.
Tabellen und Übersichten (zum Beispiel die Übersichten über die Wochentage und Uhrzeiten auf S. 26, die Darstellung von Lebensmitteln und Getränken auf S. 36, der Speiseplan auf S. 38) enthalten in der Regel lernwürdigen Wortschatz.
Die Übersichtsseite Grammatik/Wortschatz (also die Seiten 11, 21, 31, 41 usw.) fasst unter der Überschrift *Wichtige Wörter und Wendungen* Lernwortschatz zusammen.
Der Übungsteil (also die Seiten 12–15, 22–25, 32–35 usw.) führt keinen neuen Wortschatz ein, sondern wiederholt den bisher vorgekommenen Wortschatz. Er enthält also wenig akzidentiellen Wortschatz.

Individueller Wortschatz
Nicht für alle KT sind dieselben Wörter lernwürdig. Mit Voranschreiten des Kurses differenziert sich der individuelle Wortschatz zunehmend. Ermuntern Sie dazu, thematische Wortgruppen (Lebensmittel, Bekleidung, Werkzeuge und Arbeitsmittel usw.) um Vokabular des persönlichen Bedarfs und Lebensumfelds zu ergänzen. Dieser Bedarf entsteht besonders im beruflichen Zusammenhang. Vielleicht findet ein KT auch Wörter, die eher dem akzidentiellen Wortschatz zuzurechnen sind, für sich persönlich wichtig.

Wörter im Kontext lernen
Die Kursteilnehmer haben ein Wort „gelernt", wenn sie es im Kontext verwenden können. Deshalb ist es am besten, die Wörter in einem typischen Kontext zu notieren. Also:

Wort	Kontext	Ihre Sprache
besuchen WAS	*Ich besuche einen Kurs.*	________________
besuchen WEN	*Am Sonntag besuche ich meinen Freund.*	________________

Das Glossar kann dabei helfen, Wörter in ihrem Kontext zu finden. Weniger geeignet sind Wortgleichungen wie

besuchen *to visit, rendre visite, visitare ...*

Sie erschweren den Übergang zum aktiven Gebrauch und bergen die Gefahr, Verwendungsweisen einzuebnen. (Zum Beispiel *besuchen* – englisch *to visit* oder *to attend*; Klarheit schafft Wort + Kontext: *den Unterricht besuchen – Herrn Meier bei Firma Sperling besuchen*).

Instrumente
Das persönliche **Vokabelheft** nach obigem Modell.
Das **Wörterlernheft** zu jedem Band. Es bereitet den Lernwortschatz in Lernportionen auf, bietet einen Kontext an und ist mit seinen Übungen eine einzigartige Lern- und Wiederholungshilfe.
Der **Übungsteil** schließt oft mit einer Übung zum Ordnen, Systematisieren, Semantisieren und Wiederholen des Wortschatzes, zum Beispiel:

Lektion 1, Seite 15, Übung O
Lektion 2, Seite 25, Übung L
Lektion 3, Seite 35, Übung N und O
Lektion 4, Seite 45, Übung P
Lektion 5, Seite 55, Übung L
usw.

Durchnahmevorschläge, Transkripte, Lösungen

IM ALLTAG

Vorlieben: *Was essen/trinken Sie gern? Was isst/trinkst du gern?* – starke Verben mit *e-i*-Wechsel: *ich esse, du isst, er isst* – Ja-Nein-/W-Frage – bestimmter, unbestimmer, 0-Artikel – Bewerten: *gern / nicht so gern, lang/kurz, viel/wenig, früh/spät, oft/selten*

	Lektion	Übungen/Hausaufgaben	interkulturelle LK
Übung 1 CD 35	KT befragen sich gegenseitig nach ihren Vorlieben: – Lebensmittel – Getränke – Freizeitaktivitäten	**A:** Einüben des Vokabulars, Einbeziehung der Wörterheft-Übungen, thematisch geordnete Einträge im Vokabelheft	Nationale Essgewohnheiten, Vorlieben: Abneigung des Deutschen Sören B. gegen Kartoffeln, seine Vorliebe für Pizza und Pasta, Aufgeschlossenheit der Chinesin Lihua für Kartoffeln – Globalisierung? Nivellierung? Internationalität? Normalität?
Übung 2 CD 36	Teil **a)**: Klärung der Situation. Die Einladung zur Party ist Anlass für ein kurzes Gespräch über Vorlieben und Abneigungen; **b)**: KT machen eine Tabelle. L regt Schlussfolgerungen an: Sören isst nicht so gern, also vermutlich selten oder wenig Kartoffeln. Lihua geht vermutlich selten zur After-Work-Party. KT machen entsprechende Einträge und sprechen darüber.	**B:** Bei der Zuordnung der Getränke und Lebensmittel werden die Formen der Verben *essen* und *trinken* geübt.	
Übung 3	In Ü 2 haben KT *isst* (2./3. Pers. Sing.) benutzt. Die Fragen und Antworten zu den Diagrammen über Essgewohnheiten in der Europäischen Union machen die Konjugationsformen bewusst. Ziehen Sie jetzt die Grammatikübersicht, Seite 41, hinzu. Außerdem tritt hier erstmals das Pronomen *man* auf. (Siehe auch S. 40, Ü 11.)	**C** begleitet spielerisch Ü 3. Das Beispiel verdeutlicht den Ablauf und zeigt: Die Übung kann leicht inhaltlich abgewandelt werden. Sie bietet viele Durchnahmevarianten (z. B. als mündliche Reihenübung).	Essen gehen: Gewohnheiten/Vorlieben im europäischen Vergleich und in den Ländern der KT.
Übung 4 CD AB 18	Überleitung von der Bewusstmachung der Verbformen in Ü 3 zur Wortstellung im Hauptsatz: Positive Aussage (*Thomas isst gern ...*) – Kontrastakzent, negative Aussage (*Gemüse isst Thomas nicht ...)* („Inversion" – Wir benutzen diesen Begriff nicht.)	**D** verdeutlicht die Wortstellung im Hauptsatz: Die Position des Verbs bleibt von der Besetzung in Position 1 unberührt. **E:** mündliches Einüben der Struktur	
Übung 5	Die Übung erweitert das Lektionsthema (siehe auch Einstieg: Freizeitaktivitäten) und führt die Redemittel zusammen. KT wählen „Spielkarten" (= Themen) als Sprechanlass und bewegen sich zur Partnersuche frei im Kursraum.	**F** dient der Semantisierung der in der Lektion behandelten Gegensatzpaare.	Interkulturelle Vergleiche bei Ess- und anderen Lebensgewohnheiten

TRANSKRIPT LEKTION

Übung 2

- ● Hallo, Lihua!
- ▲ Hallo, Sören!
- ● Kommst du mit ins „Extremo" oder hast du heute Abend schon was vor?
- ▲ Ins „Extremo"??
- ● Ja! Dort machen wir mittwochs immer After-Work-Party. Und heute ist Mittwoch!
- ▲ After-Work-Party? Und was macht ihr da?
- ● Wir feiern ein bisschen. Am Mittwoch sind es nämlich nur noch zwei Tage bis zum Wochenende. Das feiern wir immer.
- ▲ Ja. Und was macht ihr da?
- ● Wir reden. Wir trinken etwas, vielleicht eine Cola oder ein Glas Wein oder ein Bier oder so.
- ▲ Ach so, ihr geht in eine Kneipe und trinkt Bier.
- ● Moment, im Extremo gibt es auch chinesischen Tee.
- ▲ Jaja. Du, ich trinke nicht immer Tee. Ich trinke auch gern mal ein Glas Wein, Bier nicht so gern. Einfach eine Cola ist auch okay.
- ● Prima, dann bist du bei unserer After-Work-Party im „Extremo" genau richtig.
- ▲ Ja, aber heute geht es nicht. Ich bin zum Abendessen bei deutschen Freunden.
- ● Oh, Lihua hat eine Kartoffelparty! Isst du so gern Kartoffeln?
- ▲ Klar, warum nicht? Sicher, wir Chinesen essen gern und viel Reis. Aber jetzt bin ich in Deutschland. Da esse ich auch Kartoffeln – mit Fleisch und Gemüse, wie die Deutschen. Nudeln mag ich übrigens auch.
- ● Nudeln! Gut, da bist du im „Extremo" genau richtig. Da gibt es prima italienische Pasta. Und Pizza.
- ▲ Eine gute Pizza, da sage ich auch nicht nein. Also, nächsten Mittwoch bin ich dabei. Vielen Dank für die Einladung! Wann geht es los?
- ● So um sechs.
- ▲ Was, so früh schon!
- ● Oder um sieben. Wie du möchtest. Jedenfalls nach der Arbeit. Ist ja 'ne After-Work-Party ... und keine Kartoffelparty. Trotzdem, viel Spaß heute Abend.

TRANSKRIPT ÜBUNGEN

Übung E

- ▲ Ich esse gern Nudeln.
- ● Nudeln esse ich nicht so gern.
- ▲ Ich esse gern Reis.
- ● Reis esse ich nicht so gern.
- ▲ Ich trinke gern Wein.
- ● Wein trinke ich nicht so gern.
- ▲ Ich esse gern Fisch.
- ● Fisch esse ich nicht so gern.
- ▲ Ich trinke gern Cola.
- ● Cola trinke ich nicht so gern.
- ▲ Ich esse gern Gemüse.
- ● Gemüse esse ich nicht so gern.
- ▲ Ich trinke gern Mineralwasser.
- ● Mineralwasser trinke ich nicht so gern.
- ▲ Ich esse gern Pizza.
- ● Pizza esse ich nicht so gern.

LÖSUNGEN LEKTION

Übung 2

a) 1 immer eine Party – 2 Sören geht – 3 eine Verabredung/Einladung – 4 beginnt früh;
b) Lösungsbeispiele: Sören gern: Pizza, Pasta – Lihua gern: Wein, Reis, Fleisch, Gemüse, Pizza, Nudeln – Sören nicht so gern: Kartoffeln – Lihua nicht so gern: Bier – Sören oft: Pizza, Pasta – Lihua oft: Reis, Tee – Sören selten: Tee, Reis, Kartoffeln – Lihua selten: Kartoffeln, Bier – Sören viel: Pizza, Pasta, Cola – Lihua viel: Reis, Nudeln, Tee – Sören wenig: Tee, Reis, Kartoffeln – Lihua wenig: Kartoffeln, Bier

Übung 3

In Deutschland isst man gern Fast Food. – Die Deutschen essen oft im Restaurant. – Viele Franzosen essen gern Fast Food. – Die Italiener essen eher selten im Restaurant. – In Großbritannien isst man gern Fast Food. – In Spanien isst man nicht so gern Fast Food und man isst selten im Restaurant.

IM BERUF

Essen/Hätten Sie gern ...? – Ja. / Nein, ich hätte/nehme lieber ... – Akkusativ: *den/das/die ..., einen/ein/eine ...* – bestimmter, unbestimmter, 0-Artikel – Zusammengesetzte Nomen: *Bratwurst, Früchtejoghurt, ...*

	Lektion	Übungen/Hausaufgaben	interkulturelle LK
Übung 6 CD 37	Die Abbildung verdeutlicht die Situation und motiviert die KT-Aktivität: Frage nach Essenswünschen, Zustimmen / Nennen einer Alternative. Der Speiseplan soll helfen und kein Anlass zu störenden Worterklärungen sein. Idealerweise stützen sich KT auf Bekanntes und bringen eigenes Vorwissen ein.	Das Wortpuzzle **G** festigt den Wortschatz der Speisekarte. Ergänzungen des einschlägigen Wortschatzes im Vokabelheft können sich anschließen.	Betriebliches Leben: Kantine als betriebliche Sozialleistung Grüße, Wünsche, Verhalten und Benehmen in der Kantine
Übung 7 CD 38 CD AB 19	**a)**: Zur Beantwortung der Fragen die Abbildung und den Speiseplan heranziehen. Frage 7 ist nur teilweise beantwortbar; **b)**: Die Sätze 1–5 überschneiden sich z. T. mit den Sätzen in **a)**. Hier und in den folgenden Übungen kommt die Wendung *es gibt* vor. Das Verb *geben WEM/WAS* an dieser Stelle aber nicht thematisieren!	Das Dialogpuzzle **H** kann zur Vorentlastung des Hörverstehens oder für ein Rollenspiel danach dienen. **I** verdeutlicht Funktion und Formen von *welche_* – **a)**: Nominativ, **b)**: Akkusativ. Die Sprechübung **c)** schließt den Schritt ab.	
Übung 8 CD AB 20	Die Zuordnung in dialogischer Partnerarbeit (● *Was gibt es heute?* – ■ *Gemüseeintopf.*) bereitet auf die Rollenspiele in Ü 10 vor. In einem zweiten Durchlauf mit Rollentausch kann man die Reihenfolge der Elemente (z. B.: B, A, C, D, E) verändern.	Ausspracheübung **J**: Unterscheidung von *e* und *i* sowie lang und kurz anhand von thematischem Wortschatz.	Verhaltensregeln beim Essen
Übung 9 CD AB 21	Greift vorgekommenen Wortschatz auf; neu: *Salz, Steak, Suppe*. Die Zuordnungen zu *Vorspeise – Hauptgericht – Beilage – Nachspeise* dienen der weiteren Semantisierung. Die „Wortigel" zeigen die Wortbildung und KT können Vorwissen einbringen.	**K**: weitere zusammengesetzte Nomen mit Genus und Pluralbildung. Bedeutungsklärung durch Zuordnung zu den passenden Kategorien. **L** und **M** ergänzen das Lernanliegen von Ü 9 und Ü 10, evtl. als Hausaufgabe.	Essgewohnheiten: Was gilt als Vorspeise, Hauptgericht und Nachspeise? Wie ist die Speisefolge hier und bei Ihnen?
Übung 10 CD 39	Greift die Einstiegssituation auf (zwei Kollegen begrüßen sich, tauschen sich über Speiseplan und Wünsche aus, suchen freien Platz), führt Redemittel und Wortschatz der Doppelseite zusammen. Der Akkusativ mit bestimmtem, unbestimmtem und 0-Artikel soll jetzt reibungslos klappen. Die Dialoge auf CD können die KT-Aktivität anregen oder, falls sie ins Stocken kommt, eingeschoben werden.	**N** und **O** der Anwendungsübung Ü 10 vorschalten.	Verhalten und Benehmen in der Kantine

TRANSKRIPT LEKTION

Übung 7

- ● Hallo, Sören. Mahlzeit! Gehst du auch in die Kantine?
- ▲ Ja, Mahlzeit, Edith. Was gibt's denn heute? Mal sehen ... mmmm ...
- ● ... Bratwurst mit Kartoffelpüree oder Bratkartoffeln mit Spiegelei.
- ▲ Kartoffeln, Kartoffeln, immer nur Kartoffeln!
- ● Was hast du denn? Kartoffeln esse ich gern.
- ▲ Ja, Kartoffeln sind nicht schlecht, aber sieh mal auf den Speiseplan: Kartoffelpüree, Pommes frites, Bratkartoffeln, Salzkartoffeln! Ich hätte mal gern Reis. Also einen Salatteller und ein Brötchen.
- ■ Salatteller groß oder klein?
- ▲ Groß, bitte.
- ● Ich hätte gern die Bratwurst mit Kartoffelpüree und auch einen Salatteller, aber klein bitte. Und was gibt es heute zum Nachtisch?
- ■ Schokoladenpudding.
- ▲ Gut, ich nehme einen Schokoladenpudding.
- ● Ich hätte auch gern den Schokoladenpudding. Moment Sören, ich hole noch ein Mineralwasser. Möchtest du auch etwas trinken? – Ich glaube, da vorne sind noch zwei Plätze frei.
- ▲ Entschuldigung, ist hier noch frei?
- ▼ Ja, bitte.
- ▲ Guten Appetit.
- ▼ Danke, gleichfalls.

TRANSKRIPTE ÜBUNGEN

Übung I c)

- ● Gibt es Nachtisch?
- ▲ Ja. Welchen möchten Sie? Den oder den?
- ● Gibt es Suppe?
- ▲ Ja. Welche möchten Sie? Die oder die?
- ● Gibt es Salat?
- ▲ Ja. Welchen möchten Sie? Den oder den?
- ● Gibt es Soße?
- ▲ Ja. Welche möchten Sie? Die oder die?
- ● Gibt es Joghurt?
- ▲ Ja. Welchen möchten Sie? Den oder den?
- ● Gibt es Wurst?
- ▲ Ja. Welche möchten Sie? Die oder die?
- ● Gibt es ein vegetarisches Gericht?
- ▲ Ja. Welches möchten Sie? Das oder das?
- ● Gibt es Eintopf?
- ▲ Ja. Welchen möchten Sie? Den oder den?

Übung J b)

Wir essen viel Fisch.
Er trinkt Bier nicht so gern.
Sie trinkt Tee.
Ich esse Fisch, sie isst Pizza.
Sind Sie aus Paris?
Ich bin aus Lima.

Übung L

- ● Lachsfilet oder Gemüseteller?
- ▲ Ich nehme lieber den Gemüseteller.
- ● Schweineschnitzel oder Rinderroulade?
- ▲ Ich nehme lieber die Rinderroulade.
- ● Kartoffelpüree oder Bratkartoffeln?
- ▲ Ich nehme lieber das Kartoffelpüree.
- ● Karottensalat oder Tomatensalat?
- ▲ Ich nehme lieber den Tomatensalat.
- ● Obstsalat oder Pudding?
- ▲ Ich nehme lieber den Obstsalat.
- ● Würstchen oder Spiegelei?
- ▲ Ich nehme lieber das Spiegelei.
- ● Tomatensoße oder Zwiebelsoße?
- ▲ Ich nehme lieber die Tomatensoße.
- ● Suppe oder Salat?
- ▲ Ich nehme lieber die Suppe.

LÖSUNGEN LEKTION

Übung 7

a) 1 Mittwoch (laut Speiseplan) – 2 Rinderbratwurst mit Kartoffelpüree und Zwiebelsoße / Bratkartoffeln mit Röstzwiebeln und Spiegelei – 3 Bratkartoffeln mit Röstzwiebeln und Spiegelei – 4 Kartoffeln – 5 Sören: Brötchen, Edith: Kartoffelpüree – 6 Schokoladenpudding – 7 Edith: Mineralwasser, Sören: vielleicht auch; man kann es dem Dialog nicht entnehmen
b) 1 ... Bratkartoffeln mit Röstzwiebeln und Spiegelei. – 2 ... Kartoffeln. – 3 ... Salatteller und ein Brötchen. – 4 ... die Rinderbratwurst mit Kartoffelpüree und Zwiebelsoße ... einen Salatteller. – 5 ... Schokoladenpudding

Übung 8

B-1, C-4, D-2, E-5

Übung 9

B-7; C-9; D-2, 3, 6; E-4; F-1, 2, 3, G-8
Gemüsesuppe, Nudelsuppe, Tomatensuppe
Obstsalat, Tomatensalat, Nudelsalat, Kartoffelsalat

MAGAZIN

Frühstück, Mittagessen, Abendessen in Deutschland – Pronomen *man* – *es gibt / gibt es*

	Lektion	**Übungen/Hausaufgaben**	**interkulturelle LK**
Übung 11	KT vergleichen die Abbildungen mit den zugehörigen Beschreibungen. Sie passen die Texte den Abbildungen durch Austausch von Teilen in den Texten 1–3 an. Dann vergleichen sie hiesige mit den eigenen Essgewohnheiten.	In **P** sichern die KT das Vokabular. Weitere Einträge im persönlichen Vokabelheft und Absicherung durch die Übung im Wörterlernheft.	Essgewohnheiten im Vergleich
Übung 12	Die Einschätzung wird durch die Kurztexte, aber auch durch die Abbildungen gesteuert. Privat: freundliche Begrüßung auf der Abbildung / im Text, „Herr Brenner holt gerade die Getränke". Der Gast kommt gerade rechtzeitig, Brenners warten nicht. Beruflich: Frau Richardson, in diesem Fall der Gast, ist schlechter Stimmung und „wartet schon".		Was gilt als pünktlich im privaten / im beruflichen Bereich? Was ist im privaten / im beruflichen Bereich höflich/unhöflich?
Übung 13 CD 40	Der Dialog bezieht sich auf den Besuch von Huang Lihua bei Familie Brenner. Er eignet sich zur nachträglichen Überprüfung der Einschätzungen in **Ü 12**.		Gast und Gastgeber – Begrüßung, Verhaltensregeln, Pünktlichkeit, Gastgeschenk

TRANSKRIPT

Übung 13

● Ah, Frau Huang, guten Abend. Schön, dass Sie da sind. Herzlich willkommen!
▲ Guten Abend, Frau Brenner!
● Werner, Christian, der Besuch ist da!
■ Moment, ich komme gleich!
▲ Und das ist Ihr Sohn, nicht wahr?
▼ Ja. Ich heiße Christian.
▲ Freut mich, Christian. Mein Name ist Lihua, Huang Lihua.
▼ Guten Abend.
▲ Komme ich zu spät?
● Aber nein. Mein Mann holt gerade die Getränke aus der Küche. Sie kommen gerade richtig. (Papierrascheln) Oh, danke! So schöne Blumen! Das war aber nicht nötig! Vielen Dank! Christian, holst du bitte eine Blumenvase? Lihua, nehmen Sie doch Platz. Was möchten Sie trinken?

LÖSUNGEN

Übung 11

Lösungsbeispiele: 1 Zum Frühstück gibt es Brötchen, Butter und Marmelade, manchmal auch Käse, Wurst oder ein Ei. Man trinkt Kaffee, Tee, Milch oder Orangensaft. Viele essen auch gern Obst oder Müsli. – 2 Zum Mittagessen gibt es Suppe, Fleisch und Gemüse. Dazu trinkt man Mineralwasser, ein Glas Bier oder Wein. Zum Nachtisch gibt es Eiscreme. – 3 Das Abendessen ist oft kalt: Brot, Wurst und Käse, vielleicht Salat. Dazu gibt es Tee, Saft oder Mineralwasser.

Übung 12

Huang Lihua macht einen privaten Besuch. Sie kommt 15 Minuten später. Das gilt noch als pünktlich. Sie bringt einen Blumenstrauß mit. Sie ist insgesamt höflich. Sören Bläser hat eine berufliche/geschäftliche Verabredung. Er kommt 15 Minuten später. Das ist unpünktlich. Er muss seinen Gast im Restaurant erwarten und begrüßen. Er bringt seine Freundin zu einer beruflichen Verabredung mit. Das alles ist nicht korrekt und deshalb unhöflich.

Übung 13

Huang Lihua kommt zu Besuch. Zuerst begrüßt Frau Brenner den Gast an der Tür, dann begrüßen die anderen Familienmitglieder sie nacheinander in der Wohnung. Frau Huang hat einen Blumenstrauß als Geschenk für Frau Brenner.

Name: ____________________ **Kurs:** __________

HÖREN

a) Was ist richtig? A oder B? Lesen Sie die Aussagen 1–5. Hören Sie dann den Dialog, Kursbuch Seite 30, Übung 12 zweimal (CD 34). Kreuzen Sie an.

0	Die Dame und der Herr	☒	suchen einen Termin.	B	haben einen Termin.
1	Morgen	A	geht es.	B	geht es nicht.
2	Am Donnerstag	A	hat der Herr keine Zeit.	B	hat der Herr spät am Abend Zeit.
3	Am Samstag	A	hat der Herr wenig Zeit.	B	haben beide keine Zeit.
4	Am Montag	A	hat der Herr eine Konferenz.	B	hat die Dame eine Konferenz.
5	Die Dame und der Herr	A	machen den Termin am Montag.	B	finden keinen Termin.

b) Lesen Sie die Aussagen 6–10. Hören Sie dann den Dialog, Kursbuch Seite 38, Übung 7. Was ist richtig? Was ist falsch? Was hört man nicht? Kreuzen Sie an.

		richtig	falsch	Hört man nicht.
0	Es gibt viele Kartoffelgerichte.	✓		
6	Sören Bläser und Edith Lavalle essen gern Kartoffeln.			
7	Beide nehmen einen Salatteller.			
8	Sören möchte etwas trinken.			
9	Es gibt ein Dessert.			
10	Sören und Edith essen mittags immer in der Kantine.			

Punkte: _____/10

LESEN

0 Wie heißt der Kurs? *Deutsch für den Beruf.*
1 Wie viel kostet der Kurs? ____________________
2 Wie viele Leute sind maximal im Kurs? ____________________
3 Wie viele Plätze sind noch frei? ____________________
4 Wie viele Unterrichtsstunden pro Tag hat der Kurs? ____________________
5 Wie oft pro Woche ist der Kurs? ____________________
6 Ist der Lehrer ein Mann oder eine Frau? ____________________
7 Wie hoch ist die Gebühr pro Unterrichtsstunde? ____________________
8 Wie lange ist das Kursbüro geöffnet? ____________________

Kurs „Deutsch für den Beruf"

Kurs „Deutsch für den Beruf"

Sprachkurszentrum 0761-5428-0
Mo.–Fr. von 9.00 Uhr – 16.00 Uhr

Teilnehmer: maximal 20

Anmeldungen bis heute: 11

Freie Plätze: 9

Tage: dienstags u. freitags

Zeit: 18.30–20.00 Uhr

Dauer: 05.03.–15.05., insges. 30 Stunden, € 300,–

Kursleiter: Thomas Krüger

Punkte: _____ x 1,25 = ______/10

Alltag, Beruf & Co. 1, Lehrerhandbuch, ISBN 978-3-19-141590-7, © Hueber Verlag 2009

Zwischentest 2

GRAMMATIK

Sören und Edith [0] in die Kantine. [1] gehen Sie immer in die Kantine. Das Mittagessen ist [2] 12.00 Uhr [ ] 13.30 Uhr. Sören und Edith kommen [3] 12.30 Uhr. Heute [4] schon viele Mitarbeiter da. Es gibt [5] Schnitzel mit Kartoffeln, aber Sören [6] lieber Reis. Reis [7] . Sören und Edith nehmen [8] Gemüseteller. Edith [9] noch einen Obstsalat. [10] isst sie gern.

0	A geht	☒ gehen	C gehe
1	A Mittwoch	B Am Mittwoch	C Mittwochs
2	A von … bis	B um … bis	C von … um
3	A am	B um	C von
4	A ist	B bin	C sind
5	A –	B ein	C das
6	A isst	B esse	C essen
7	A am Donnerstag gibt es	B gibt es am Donnerstag	C es gibt am Donnerstag
8	A eine	B einen	C ein
9	A hätte lieber	B hat	C möchte
10	A Einen	B Der	C Den

Punkte: _____/10

SCHREIBEN

Schreiben Sie eine kurze Nachricht.

1 an: Martin Lange
2 Thema: Abendessen
3 Termin: Wann?
4 Dauer: Wie lange?
5 Ort: Wo? Was?

(1) *Lieber* _______________,
(2) *das* _________________________ *morgen geht nicht.* (3) *Übermorgen um* ____________________ .
(4) *Ich habe* ______________________ *Zeit.* (5) *Wo* ________________*? Ich esse gern* ______________
________.
Gruß ______________

Punkte: _____ x 2 = _____/10

WORTSCHATZ

Was passt? A, B oder C? Kreuzen Sie an.

0	Zum Frühstück gibt es	A Bratkartoffeln.	B Suppe.	☒ Brötchen.
1	Schweineschnitzel mit	A Milchreis.	B Kartoffeln.	C Obstsalat.
2	Als Dessert haben wir	A Eiscreme.	B Spiegelei.	C Marmelade.
3	Möchtest du Fisch oder lieber	A Kartoffelpüree?	B Mineralwasser?	C Fleisch?
4	Gemüseteller mit	A Karotten	B Orangensaft	C Milchkaffee
5	Was möchten Sie trinken?	A Soße?	B Saft?	C Müsli?
6	Als Vorspeise nehmen wir	A ein Schnitzel.	B Pommes frites.	C Suppe.
7	Möchten Sie als Beilage	A Nudeln?	B Rinderrouladen?	C Käse?
8	Das Abendessen ist heute kalt.	A Wir essen Eiscreme.	B Wir essen Brot.	C Wir essen Gemüse.
9	Freitags gibt es Fisch:	A Lachsfilet	B Rindersteak	C Bratwurst
10	Das Hauptgericht heute:	A Früchtejoghurt, Milch	B Wurst, Käse	C Schnitzel, Reis

Punkte: _____/10

Ergebnis: _____ Punkte x 2 = _______/100

Alltag, Beruf & Co. 1, Lehrerhandbuch, ISBN 978-3-19-141590-7, © Hueber Verlag 2009

LEKTION 5: ZUG ODER BUS ODER FAHRRAD ODER ...?

Die Aussprache

Die Verständlichkeit mündlicher Äußerungen ist der entscheidende Gradmesser für den Gebrauchswert der erworbenen Sprachkenntnisse. Sie hat daher einen höheren Stellenwert als die formale Richtigkeit. Zur Verbesserung der Verstehenschancen schlagen wir das durchgängige Einüben (einschließlich beharrlicher Fehlerkorrektur) folgender Ausspracheregeln vor:

- Länge und Öffnungsgrad der Vokale (Beispiel: haben, hat, stellen, stehen)
- (übertriebene) Härte und Behauchung der Konsonanten *p, t, k* im Silbenanlaut, vor allem im Anlaut der betonten Silbe (Beispiel: K^{h}affee, T^{h}ee, bek^{h}ommen)
- (übertrieben) deutliche Artikulation des „Knacklauts" im Silbenanlaut, vor allem im Anlaut der betonten Silbe (Beispiel: ^**e**in^**a**rbeiten)
- (übertriebene) Härte und Behauchung der scheinbar weichen Konsonanten *b, d, g* im Silbenauslaut (Beispiel: we**g**gehen, a**b**fahren, un**d**)
- (übertrieben) deutliche Setzung des Wortakzents (Stimmhöhe, Lautstärke, Vokalquantität/-qualität)
- vollständige Aussprache (evtl. mit provisorischen Wortfugen) von Konsonantenhäufungen (Beispiel: Spra**ch—pr**üfung, Ansi**chts—k**arte)

In Lektion 5 schließt sich an das grammatische Thema des Akkusativs (Seite 47, Übung 5) im Übungsteil eine Nachsprech-Schreib-Übung an (Seite 52, Übung C a), die in Teil b) zum grammatischen Thema zurückfindet. Das sensible Aussprachethema der Angaben von Preisen und Uhrzeiten (Seite 49, Übungen 8 und 9) wird im Übungsteil durch ein energisches Aufgreifen der Aussprache der langen Vokale unterstützt (Seite 55, Übung K). In Teil a) hört der Lerner zunächst isolierte Vokale, dann die gleichen Vokale als Tonvokale von Wörtern und schließlich Sätze mit diesen Wörtern. Teil b) wiederholt diesen Ablauf als Lese-Sprechübung, natürlich im Blick auf häusliche Nacharbeit.

Für das Aussprachetraining gibt es keine Progression, weil praktisch in jedem Satz alle Ausspracheregeln der deutschen Sprache enthalten sind. Verständliche Äußerungen sind durch gute Lautung und Intonation allein nicht erreichbar. Genauso wichtig ist eine am deutschen Kommunikationspartner orientierte Verständigungsstrategie. Diese beginnt im Klassenraum. Oft geht Unterrichtszeit dadurch verloren, dass Teilnehmeräußerungen zunächst nicht verstanden werden, nicht nur, weil sie lautlich entstellt sind, sondern fast immer auch, weil sie zu leise, zu hastig und an grammatischen Brennpunkten, also insbesondere bei den Wortendungen, verschliffen werden. Wenn Sie als Lehrer eine solche Sprechweise tolerieren, dann geht diese ins Sprechverhalten ein. Was die Verständlichkeit der Teilnehmeräußerung gefährdet, sind weniger Grammatikfehler als Aussprachemängel. Aussprachemängel können selbst in der Oberstufe nicht völlig behoben werden, aber sie müssen so weit abgemildert werden, dass Verständigung sicher und auf Anhieb gelingt. Der Lehrer soll also von der ersten Unterrichtsstunde an auf verständlichen Äußerungen bestehen, indem er den Lerner anleitet zu:

1. langsamem Sprechen
2. übertrieben deutlicher Artikulation der Vokallängen und -öffnungsgrade
3. provisorischen Pausen zwischen den Bestandteilen zusammengesetzter Wörter
4. (notfalls getrennter) Artikulation eines jeden Konsonanten in Konsonantenhäufungen
5. angemessener Lautstärke
6. zweimaligem Sprechen aller Namen, Daten und Zahlen

Wenn Sie Aussprachemängeln von Fall zu Fall durch korrigierende Wiederholung entgegentreten, dann wendet sich der sprechende Lerner immer gezielter an den Lehrer und das Plenum überhört Teilnehmeräußerungen in Erwartung des pädagogischen Echos. Der Unterricht wird zu einem Lehrer-Lerner-Lehrer-Echo.

Für die Kommunikation gilt der Grundsatz: Es zählt nicht, was ich geäußert habe. Es zählt allein, was von meiner Äußerung ankommt. Dieses Prinzip allen sprachlichen Handelns gilt von der ersten Unterrichtsstunde an. Die Schulung der Aussprache und der für ihr Gelingen unverzichtbaren Verhaltensweisen ist nicht aufschiebbar. Falsche Aussprache- und Kommunikationsgewohnheiten sind unumkehrbar.

Durchnahmevorschläge, Transkripte, Lösungen

IM ALLTAG

Auswahl eines Verkehrsmittels im städtischen Nahverkehr – Charakterisierung der verfügbaren Verkehrsmittel nach Eigenschaften – bestimmter und unbestimmter Artikel im Nominativ und Akkusativ – Verben mit Vokalwechsel: *nehmen, fahren*

	Lektion	**Übungen/Hausaufgaben**	**interkulturelle LK**
Übung 1 Übersicht über die Nahverkehrs mittel am Sprachkurs-ort auf Projektionsfolie CD 41	KT sollen möglichst selbstständig arbeiten. L soll die Verbform *nimmt* auf keinen Fall zum Anlass nehmen, hier den Vokalwechsel der starken Verben zu behandeln. L bringt die Arbeit der KT miteinander in Gang und hört ihnen zu, möglichst ohne einzugreifen.		Falls die Zusammensetzung der Klasse dies zulässt, können KT einander fragen: Wie kommst du hier / zu Hause zur Arbeit / zur Uni / ...?
Übung 2 CD 42	Vor dem Hören die Argumente für und gegen das jeweilige Verkehrsmittel in **a)** lesen, aber noch nicht in die Klärung neuer Wörter einsteigen. Dann erkennen KT die Argumente im Hörtext wieder. Zur Lösung von **b)** dient der Hörtext (nicht das grammatische Paradigma) als Vorgabe.	**A** ist geeignet, um von Ü 1 zu Ü 2 überzuleiten. Es sind mehrere Lösungen möglich.	
Übung 3	In dieser Übung werden Elemente aus dem Hörtext von Ü 2 variiert. Die Einträge sollen in Gruppenarbeit mit selbstständiger Korrektur anhand der Grammatik S. 51, 4 gemacht werden.	**B:** Nach der schriftlichen Erledigung kann die Übung als Sprechgeländer für leicht veränderte Dialoge dienen.	
Übung 4	Nach der Lösung in Zweiergruppen soll ein KT seinem Partner die Sätze 1–7 vorlesen. Dieser antwortet bei geschlossenem Buch. Dabei kommt es zu einer freien Abwandlung der Sätze A–G und möglicherweise zu einem etwas freieren Dialog.		
Übung 5 CD AB 22 CD AB 23 CD AB 24	Wir empfehlen die Übungsabfolge: C a), 5, C b), D	**C a)** eignet sich als Vorentlastung. **C b)** eignet sich als vorläufiger Abschluss vor der Hör-Sprechübung **D**.	
Übung 6	Die lokalen Präpositionen werden als Vokabeln ohne grammatikalische Systematisierung verwendet. KT hätten keine Chance zu flüssigem Sprechen, wenn sich das Thema der lokalen Präpositionen vor ihnen auftürmen würde.	**E** vertieft noch einmal das grammatische Lernanliegen und greift auch in der Gestaltung deutlich erkennbar auf Ü 3 zurück. **F** eignet sich für den abschließenden landeskundlichen Vergleich.	Die Frage „Gibt es das?“ (in Übung F) geht in die Frage „Gibt es das bei Ihnen?“ über und fordert zu einem Vergleich auf.

TRANSKRIPT LEKTION

Übung 2 a)

- ● Ich glaube, wir nehmen das Auto. Das ist bequem.
- ▲ Ja, aber vielleicht gibt es einen Stau. Vielleicht finden wir in Bad Vilbel keinen Parkplatz. Warum nehmen wir nicht das Fahrrad? Fahrradfahren macht Spaß.
- ■ Das dauert vierzig Minuten.
- ▼ Gut, aber in Bad Vilbel einen Parkplatz suchen, das kostet auch Zeit.
- ▲ Richtig! ... Und Fahrradfahren ist gesund.
- ■ Ja, aber leider ist das Wetter heute nicht gut. Es gibt einen Bus. Der braucht von hier nur 25 Minuten. Er fährt im 10-Minuten-Takt. Alle 10 Minuten!
- ● Aber die Fahrt kostet 2 Euro 70 pro Person. Und jetzt fährt auch kein Bus. Im Auto hast du immer einen Sitzplatz.
- ■ Also gut, dann nehmen wir die S-Bahn. Das geht schnell und wir brauchen keinen Parkplatz.
- ◆ Ja, die S-Bahn oder den Bus.
- ● Zur S-Bahn-Haltestelle sind es von hier 15 Minuten zu Fuß, und die S-Bahn ist oft voll.
- ▼ Also, Leute, wie kommt ihr nach Bad Vilbel? Vera nimmt das Auto. Mehmet und Theo, ihr nehmt den Bus. Aber vielleicht nimmt nur Theo den Bus und Mehmet nimmt die S-Bahn. Und ich? Ich brauche kein Fahrrad. Ich brauche auch keinen Bus und kein Auto und keine S-Bahn. Ich nehme einen Regenschirm und gehe zu Fuß.

TRANSKRIPT ÜBUNGEN

Übung C a)

- ● Nimmst du einen Kaffee?
- ▲ Nein, ich trinke keinen Kaffee.
- ● Hier gibt es keinen Platz.
- ▲ Doch, da ist noch ein Platz.
- ● Ich nehme den Bus.
- ▲ Heute fährt aber kein Bus.
- ● Fährt um zehn Uhr eine S-Bahn?
- ▲ Nein, leider fährt um zehn Uhr keine S-Bahn.
- ● Ist hier noch ein Platz frei?
- ▲ Ja, bitte nehmen Sie Platz.

Übung D a)

- ● Ich brauche ein Taxi.
- ▲ Hier gibt es aber kein Taxi.
- ● Ich brauche Visitenkarten.
- ▲ Hier gibt es aber keine Visitenkarten.
- ● Ich hätte gern einen Kaffee.
- ▲ Hier gibt es aber keinen Kaffee.
- ● Ich möchte bitte eine Namensliste.
- ▲ Hier gibt es aber keine Namensliste.
- ● Ich brauche einen Regenschirm.
- ▲ Hier gibt es aber keinen Regenschirm.
- ● Ich brauche einen Parkplatz.
- ▲ Hier gibt es aber keinen Parkplatz.

Übung D b)

- ● Trinkst du ein Bier?
- ▲ Nein, danke, ich trinke kein Bier.
- ● Nimmst du einen Nachtisch?
- ▲ Nein, danke, ich nehme keinen Nachtisch.
- ● Trinkst du einen Kaffee?
- ▲ Nein, danke, ich trinke keinen Kaffee.
- ● Brauchst du eine Namensliste?
- ▲ Nein, danke, ich brauche keine Namensliste.
- ● Isst du auch Pommes frites?
- ▲ Nein, danke, ich esse keine Pommes frites.
- ● Trinkst du auch eine Milch?
- ▲ Nein, danke, ich trinke keine Milch.

LÖSUNGEN LEKTION

Übung 2

a) das Fahrrad – der Bus – die S-Bahn
b) nimmt – nehmt – nimmt – nimmt – brauche – brauche – nehme – gehe

Übung 3 (Beispiel)

... ich nehme das Fahrrad. – Das dauert aber lang. – Also gut, ich nehme ein Taxi. – Das ist aber teuer. – Also gut, ich gehe zu Fuß. – Das Wetter ist aber schlecht.

Übung 4

2 D; 3 G; 4 A; 5 E; 6 B, 7 C

Übung 5

einen, kein, –, kein, –, eine, den

IM BERUF

Verkehrsmittel für eine Dienstreise auswählen – Vorzüge und Nachteile von Auto, Zug und Flugzeug für Entfernungen um 500 km – Preise und Uhrzeiten hören und verständlich (nach)sprechen – *betragen, beträgt* – Zahlen bis 999

	Lektion	Übungen/Hausaufgaben	interkulturelle LK
Übung 7 Deutsch-landkarte	Wenn Übung G als Einstieg benutzt wurde, kann L die Teile **a)**, **b)** und **c)** von Ü7 auf drei Gruppen verteilen. **d)** wird zum Abschluss im Plenum gemacht.	**G** eignet sich zur Unterrichtseröffnung als Projektarbeit in Dreiergruppen. **H** wird im Unterricht mündlich, zu Hause schriftlich gemacht.	Da in vielen Ländern und in größeren Städten die öffentlichen Verkehrsmittel nur vage Fahrpläne haben, ist ein Vergleich sinnvoll. Die wichtigsten Adjektive dafür sind in der Bild-Text-Montage vorhanden.
Übung 8	Achten Sie darauf, dass KT die langen Zahlen silbenweise aussprechen. Eine überkorrekte Aussprache schleift sich auf dem weiteren Lernweg ab, eine von Anfang an nachlässige wird im weiteren Verlauf noch nachlässiger.	**I**: In Zweiergruppen gehen KT mit Zahlen und Uhrzeiten um, entweder als Einstieg in die Lektions-Übung 8 oder als Ausstieg.	
Übung 9	Mündlich im Plenum, danach noch ein Durchgang in Zweiergruppen. Dabei deckt der eine Partner die linke, der andere die rechte Seite ab.	**J** eignet sich auch als Hausaufgabe. Die allmähliche Aneignung von Oberbegriffen ist ein strategisches Lernziel. L soll diesen Prozess nicht durch eine vorschnelle (und immer etwas unrichtige) Übersetzung in die Ausgangssprache behindern.	
Übung 10 CD 43	Vor dem Hören die Aufgaben lesen und eventuell auf die KT verteilen, sodass jeder nur für eine Aufgabe zuständig ist. Bei aufmerksamem Lesen werden KT merken, dass sie **c)** vor dem Hören lösen können. KT sollen (einander) ihre Lösungen in ganzen Sätzen vortragen.		Internetrecherchen mit Berichten ans Plenum zu folgenden Themen: - eine Zugreise - BahnCard - eine Flugreise Die deutsche Verkehrsinfrastruktur im internationalen Vergleich
Übung 11	Jeder KT hat ca. 5 Minuten Stillarbeitszeit, um seine Auswahl zu treffen und die Argumente vorzubereiten. Damit alle zu Wort kommen, sollen sie vorwiegend einander und nur ausnahmsweise der Klasse vortragen.		

TRANSKRIPT LEKTION

Übung 10

- ● Nein, nein. Für Dienstreisen nehmen wir nicht den Privatwagen. Wir nehmen einen Firmenwagen. Der ist versichert. Hoffentlich gibt es einen am 26.11.
- ▲ Ach so ja, die Versicherung. Oder ich fliege. Es gibt doch so günstige Flugtarife.
- ● Aber normalerweise nicht von Frankfurt. Warum nehmen Sie nicht den Zug? In vier Stunden sind Sie in Berlin. Der letzte Zug von Berlin nach Frankfurt fährt um 19.37 Uhr. Das ist doch prima. Haben Sie eine BahnCard?
- ▲ Nein, eine BahnCard habe ich leider nicht. Aber vielleicht gibt es ein Sparangebot.
- ● Mal sehen. Oder Sie nehmen doch den Firmenwagen. Der hat ein Navi.
- ▲ Ein Navi?
- ● Ja, ein Navigationsgerät.
- ▲ Hm, ein Navigationsgerät ... hm.
- ● Das ist ganz einfach.

LÖSUNGEN LEKTION

Übung 7

a) 1 551 Kilometer; 2 5 Stunden und 6 Minuten; 3 Berlin; 4 das Abfahrtsdatum; 5 11.36 Uhr;
b) 1C; 2B; 3 A; 4 196,00 EUR; 5 Ja; 6 um 22.47 Uhr
c) 1 TXL; 2 C; 3 A; 4 1 Stunde und 15 Minuten; 5 1 Stunde und 10 Minuten; 6 348,45 €; 7 Nein
d) 2 beträgt 348,45; 3 Gebühren; 4 beträgt 4 Stunden und 10 Minuten; 5 Flugzeit/Flugdauer beträgt; 6 beträgt

Übung 8

c) dreiundfünfzig Euro (und) siebzehn (Cent); d) 11.23 Uhr; e) (ein)hundert(und)zwei Euro (und) siebzehn (Cent); f) zweiundzwanzig Uhr siebenundvierzig

Übung 9

6.35 Uhr ist die Abflugzeit nach Berlin. – 5 Std. 6 Min. ist eine Zeitdauer. – Hbf ist eine Abkürzung. – € ist ein Symbol. – € 348,45 und € 47,28 sind Geldbeträge. – 18. November 2009 ist ein Datum – € 47,28 ist eine Gebühr. – 7.35 Uhr, 5 Std. 6 Min. und 22.11.2009 sind Zeit- und Terminangaben. – € 348,45 ist ein Flugpreis.

Übung 10

b) C; c) B; d) B; e) C

MAGAZIN

Elektronische Geräte in Betrieb nehmen – Infinitiv für technische Bedienungsanleitungen

	Lektion	**Übungen/Hausaufgaben**	**interkulturelle LK**
Übung 12 Vorbereitung: Kleinelektrogeräte mitbringen (lassen) CD AB 25	Geeignet für einfache Unterweisungen sind auch Taschenrechner, Radiowecker, Handys und MP3-Player.	**K** soll die KT abschließend noch einmal zum Hauptanliegen der ganzen Lektion zurückführen: zur Aussprache. **L** hat wiederholenden Charakter und ist vorwiegend als Hausaufgabe gedacht.	
Übung 13 CD 44	Falls einige KT beim ersten Hören die Pointe nicht verstanden haben, sollen andere (nicht L) ihnen helfen, bevor der Text zum zweiten Mal gehört wird. L soll sich mit Erklärungen und Kommentaren sehr zurückhalten.		Frage an die KT: Gibt es / Kennen Sie solche weltfremden Technikfreaks in Ihrem Heimatland?

TRANSKRIPT

Übung 13

● Und wie viel nehmen wir?
▲ Was wie viel?
● Wie viel Kartoffeln nehmen wir? Fünf Kilo?
▲ Moment mal, mein MP3-Player macht Probleme. Also ausschalten, drei Sekunden warten. Einschalten. Dann den Titel auswählen. Ich hab's, er geht wieder. Also, was ist los?
● Wie viele Kartoffeln nehmen wir?
▲ Wie? Was? Kartoffeln?
● Du, deine Kopfhörer ...
▲ Ach so ja. Also, was ist?
● Die Kartoffeln kosten ein Euro zwanzig das Kilo. Fünf Kilo kosten ...
▲ Fünf Kilo kosten ... Moment, das weiß der gute Elektronenrechner. Du weißt doch: Technik ist alles. Wo ist er denn, das gute Stück? Da. Nein, das ist mein Handy. Nicht schlecht mein Handy, was?
● Hallo!! Wir kaufen Kartoffeln!
▲ Noch nicht. Erst sagt mir mein Rechner ... ah, da ist er ja.
● Fünf Kilo kosten ...
▲ Nur die Ruhe. Das Gerät einschalten. Die On-Taste drücken. So. Die Eins eingeben, den Punkt drücken – der Punkt ist das Komma – und die Zwei eingeben: eins zwanzig mal fünf. Das Gleichheitszeichen drücken, fertig. Fünf Kilo kosten sechs Euro.
● Nein, fünf.
▲ Nein, sechs.
● Nein, fünf!
▲ Nein, sechs!! Fünf mal eins zwanzig ist sechs. Du, ich kann das auch im Kopf.
● Ja, ein Kilo kostet eins zwanzig. Aber fünf Kilo kosten fünf Euro. Das ist ein Sonderangebot.

TRANSKRIPT ÜBUNGEN

Übung K a)

aa – ii – aa – ii – fahre – lieber – nach – Berlin
Ich fahre lieber morgen nach Berlin.
aa – ää – aa – ää – Straße – auswählen – Eingabe – bestätigen
Die Straße auswählen und die Eingabe bestätigen.
oo – ii – ee – ii – aa – oder – wir – nehmen – lieber – Wagen
Oder wir nehmen lieber einen Wagen.
ää – oo – ii – ee – Gerät – oben – Ziel – eingeben
Das Gerät oben einschalten und ein Ziel eingeben.
ee – uu – oo – ee – gehe – Fuß – oder – nehme
Ich gehe zu Fuß oder nehme den Bus.
üü – ää – uu – ee – Gebühr – beträgt – nur – zehn
Die Gebühr beträgt nur zehn Euro.
ii – uu – ee – ää – sieben – Uhr – zehn – fährt
Um sieben Uhr zehn fährt der Bus.

LEKTION 6: BRAUCHEN, HABEN, KAUFEN

Das Magazin

Um den unterrichtlichen Stellenwert des Magazins zu verdeutlichen, rufen wir den Bauplan der 10 Lektionen in Erinnerung:

Kernunterricht						Übungsteil			
Im Alltag	Im Alltag	Im Beruf	Im Beruf	Magazin	Grammatik Alltag	Im Alltag	Im Beruf	Im Beruf	Im

Das Magazin schließt den Kernunterricht ab. Lektion 6 steht unter der übergreifenden Überschrift *Brauchen, haben, kaufen*. Im Block *Im Alltag* planen Leute ihren Einkauf im Supermarkt. Dabei kommen Lebensmittel, Verpackungen, Mengen und Einkaufs- und Benutzungshäufigkeit zur Sprache. Im Block *Im Beruf* ist der Kauf ein kleiner Geschäftsfall, bei dem Menge, Preis, Rabatt, Liefertermin zur Sprache kommen, mit einem Exkurs zur Frage, welches Mittel der Bürokommunikation man je nach Art, Umfang und Wert der Bestellung üblicherweise benutzt, also ein Stückchen berufskundliche Landeskunde.

Das Magazin soll die Thematik der beiden Blöcke des Kursteils miteinander verbinden, aus einer anderen, gern auch unerwarteten Perspektive darstellen, hinterfragen, mit Lese- und Hörangeboten unterfüttern und auf originelle, kurzweilige Weise spiegeln. Kulturvergleichende Sehweisen und nicht zuletzt auch ein sprachlicher Zugewinn sind weitere Anliegen. Deshalb schreitet das Magazin im grammatischen Lernstoff wenig, im lexikalischen nur nach Bedarf voran.

Schauen wir uns nun stellvertretend für die anderen Lektionen das Magazin von Lektion 6 unter der Fragestellung an, wie die programmatischen Anforderungen an diesen Lehrwerksteil eingelöst werden:
Die beiden Blöcke, die dem Magazin vorangehen, enthalten Sprachhandlungen, in denen ein Kauf geplant und durchgeführt wird. In beiden Blöcken ist der Kauf eine Sachentscheidung. Im Magazin kommt ein neuer Gesichtspunkt hinzu: die Psychologie des Käufers und seine Einteilung in drei Typen anhand von charakteristischen Verhaltensmustern (Seite 60, Übung 9). Der Kauf wird zu einer persönlichen Entscheidung. Das ist der Perspektivenwechsel.
In Übung 10 a) diskutieren leibhaftige Vertreter der Käufertypen, jeder aus seiner Warte, in liebenswert skurriler Weise über den Kauf eines Schreibtisches. Die Aufgabenstellung läuft zunächst nur darauf hinaus, die 12 Texte einer Textcollage als Zitate aus dem Hörtext in der richtigen Reihenfolge wiederzuerkennen. Erst dann werden sie in b) den Typen zugeordnet. Dabei kommt es – hoffentlich – zu Meinungsverschiedenheiten zwischen den Teilnehmern, denn die Zuordnung ist natürlich nicht eindeutig möglich. Die Teilnehmer werden untereinander argumentieren und dabei ihr begriffliches Verständnis über die Käufertypen und ihre Verhaltensweisen schärfen. Daraus ergibt sich unabweislich die Frage von Übung 11, welchem Käufertyp die Lerner sich zugehörig fühlen, und vielleicht auch, welchen Käufertyp sie aus welchem Grund in ihrem Kollegen vermuten.

Das Magazin ist ein Unterrichtsangebot, mit dem sich mancher Lehrer und Lerner vielleicht erst einmal anfreunden muss. Unsere Ratschläge:
Halten Sie sich zurück. Entfernen Sie sich bei Diskussionen unter den Teilnehmern aus dem Blickfeld der Sprechenden, um den Blickkontakt mit der „Autoritätsperson" zu unterbrechen und mit dem Dialogpartner zu ermöglichen. Sie können die Diskussionszeit einvernehmlich begrenzen, einen Teilnehmer als Moderator bestellen und einen weiteren als Protokollanten, der nach Ablauf der Diskussionszeit seinen Ergebnisbericht vorträgt. Zerpflücken Sie die satirischen Texte nicht durch eine eng geführte Hörverständniskontrolle.

Durchnahmevorschläge, Transkripte, Lösungen

IM ALLTAG

Lebensmittel und Artikel des täglichen Gebrauchs geplant einkaufen: Art, Verpackung, Gewicht, Einkaufshäufigkeit – Hunderterzahlen 100–900 – Hauptsatzwortstellung (Wiederholung)

	Lektion	**Übungen/Hausaufgaben**	**interkulturelle LK**
Übung 1 Werbebeilagen von Supermärkten CD 45	Die Abbildung gibt erste Hinweise auf das neue Vokabular: Lebensmittel, Waren des täglichen Gebrauchs, Verpackungen. Werbebeilagen eignen sich im Sinne des entdeckenden Lernens vorzüglich zur Klärung der Frage: Was gibt es in welcher Verpackung/Darreichungsform?	**A a)** wiederholt die Häufigkeitsangaben. Die 7 Teilaufgaben von **b)** kann L auf 7 KT oder Kleingruppen aufteilen. Wichtig sind nicht so sehr die Lösungen, sondern das gezielte Durchsuchen der 7 tabellarischen Übersichten. Durchnahmevorschlag für **B**: mündlich im Unterricht, schriftlich als Hausaufgabe	Art, Darreichungsform und Verpackung von Waren bieten so reiche Vergleichsmöglichkeiten, dass der Unterricht zu zerfließen droht, wenn L sich allzu bereitwillig darauf einlässt. KT können in drei bis fünf Sätzen ihren Partnern vortragen, was und wie viel sie gewöhnlich einkaufen und wie viel das kostet.
Übung 2 CD 46 CD AB 26 CD AB 27	**a)** Vor dem Hören des Dialogs lesen KT die Fragen, damit klar ist, welche Verständnistiefe beim ersten Hören erwartet wird. Das in der Grammatik (S. 61: Wichtige Wörter und Wendungen) angebotene *noch haben / kein_ mehr haben / genug haben* ist hier und im weiteren Verlauf wichtig. **b)** Das Detailverständnis der Verpackungen und Mengen geht mit der Wiederholung der Hunderterzahlen einher. Die Übung muss nicht zur Gänze und nicht von jedem gemacht werden. L kann die Aufgabe hier und andernorts auf Arbeitsgruppen aufteilen.	**C** greift die unbestimmten Mengenangaben auf, bevor **Ü 2b)** die bestimmten Mengenangaben thematisiert. **D** unterstützt die Aussprache als Vorbereitung auf die geforderten mündlichen Äußerungen in Teil **b)** von KB-Übung 2.	
Übung 3	Die Wiederaufnahme der Häufigkeitsangaben dient der wiederholenden Einübung des Satzbauplans.	**E** übt in spielerischer Form das Satzbaumuster ein, das hier ein wichtiges Lernanliegen ist.	
Übung 4	Die kleine Planungsaufgabe wird in zwei Schritten vorbereitet - KT schreiben einen Einkaufszettel wie im Buch angedeutet. - Jeder KT trägt seinen Einkaufs zettel mehreren Lernern vor, vereinzelt auch dem Plenum.	**F** dient der Vorbereitung, Unterstützung oder Nachbereitung, ist aber auch ganz oder teilweise als Hausaufgabe geeignet.	Dass bei fünf Gästen exakt fünf Schweineschnitzel gekauft werden, eignet sich als Einstieg in die Bewirtungsgewohnheiten. Frage an KT: Wie viele hätten Sie gekauft?

TRANSKRIPT LEKTION

Übung 2 a)

● Ja, und wo ist dein Einkaufszettel?
▲ Brauche ich nicht.
● Was? Du gehst einkaufen und hast keinen Einkaufszettel?
▲ Tamara, ich brauche nicht viel.
● Die Frage ist: „Was und wie viel brauchst du?" und nicht: „Was und wie viel brauchst du nicht?" Kaufen ist die Differenz aus Brauchen minus Haben.
▲ Die Differenz?
● Ja. Brauchen minus Haben ist Kaufen. Du kaufst für ... wie viele Tage?
▲ Drei.
● Was brauchst du für drei Tage?
▲ Zwei Brote, 100 Gramm Butter, 10 Flaschen Bier
● Zehn?
▲ Ja, Tamara. Übermorgen kommen Tom, Boris und Abbi. Ah, und zwei Flaschen Apfelsaft für Lena. Lena kommt auch.
● Karen kommt nicht?
▲ Doch, aber sie trinkt Mineralwasser.
● Also, eine Flasche Mineralwasser.
▲ Nein, drei. Und vier Joghurt, einen Liter Milch, 1 Kilo Apfelsinen und ... und ...
● Eier?
▲ Nein, keine Eier, aber Wurst, 200 Gramm Wurst und zwei Salate, zwei Kilo Kartoffeln. Aber ich habe noch drei Kilo Kartoffeln!
● Oskar, du brauchst zwei Kilo Kartoffeln, also schreibe ich: zwei Kilo Kartoffeln.
▲ Einverstanden. Und morgen Abend esse ich Nudeln ... und übermorgen Reis.
● Okay, ein Beutel Spaghetti und 500 Gramm Reis. So, jetzt kommt die Frage Nummer zwei: Was hast du noch, was ist noch da?
▲ Ungefähr 200 Gramm Butter, zwei Becher Joghurt, zwei Äpfel – aber die essen wir gleich – ein Salat, ... ach, da sind ja noch zwei Beutel Nudeln! Aber die Milch ist alle. Dann habe ich noch fünf Flaschen Bier und eine Flasche Apfelsaft.
● Okay, Oskar, du hast noch ein Brot, aber kein Mineralwasser mehr, keine Milch, keine Wurst, kein Obst, nur die zwei Äpfel ... Reis fehlt auch. Richtig?
▲ Ja, das stimmt. Ich habe fast keinen Reis mehr. Da ist noch ein bisschen. Aber das ist nicht genug. Ach so, noch eine Tube Zahnpasta.
● Da ist aber noch eine.
▲ Ja, aber ich habe lieber zwei im Haus.
● Na, wunderbar. Dann schreiben wir jetzt den Einkaufszettel. Siehst du, so einfach ist das. Brauchen minus Haben ist Kaufen.

TRANSKRIPT ÜBUNGEN

Übung D a)

rechts – Bitte rechts oben einschalten.
Entfernung – Die Entfernung beträgt hundert Kilometer.
Einkaufszettel – Hast du keinen Einkaufszettel?
Lebensmittel – Wo gibt es hier Lebensmittel?
nimmst du – Nimmst du den Zug?
zwölf – Es ist zwölf Uhr.

b)

Unterrichts-stunde – Eine Unterrichts-stunde dauert sechzig Minuten.
Abfahrts-datum – Sagen Sie bitte das Abfahrts-datum.
Park-plätze – Finden wir in Bad Vilbel Park-plätze?
Ankunfts-zeit – Die Ankunfts-zeit ist dreizehn Uhr.
Wald-straße – Meine Adresse ist Wald-straße drei.
fünf-zehn – Anwesend sind fünf-zehn Mitarbeiter.

LÖSUNGEN LEKTION

Übung 2

a) 1 Er hat keinen Einkaufszettel. – 2 Er geht für drei Tage einkaufen. – 3 Übermorgen kommen Tom, Boris und Abbi. – 4 Sie trinkt Mineralwasser. – 5 Nein. – 6 Nein. – 7 Oskar hat keine Milch. – 8 Nein, er braucht noch eine Tube. – 9 Er muss Reis kaufen.

b) *brauchen:* 2 Brote, 100 g Butter, 10 Flaschen Bier, 2 Flaschen Apfelsaft, 3 Flaschen Mineralwasser, 4 Becher Joghurt, 1 Liter Milch, 1 Kilo Apfelsinen, 200 g Wurst, 2 Salate, 2 Kilo Kartoffeln, 1 Beutel Nudeln, 500 g Reis, 2 Tuben Zahnpasta; *haben:* 1 Brot, 200 g Butter, 5 Flaschen Bier, 1 Flasche Apfelsaft, kein Mineralwasser, 2 Becher Joghurt, keine Milch, keine Apfelsinen, keine Wurst, 1 Salat, 3 Kilo Kartoffeln, 2 Beutel Nudeln, fast keinen Reis, 1 Tube Zahnpasta; *kaufen:* 1 Brot, keine Butter, 5 Flaschen Bier, 1 Flasche Apfelsaft, 3 Flaschen Mineralwasser, 2 Becher Joghurt, 1 Liter Milch, 1 Kilo Apfelsinen, 200 g Wurst, 1 Salat, keine Kartoffeln, keine Nudeln, 500 g Reis, 1 Tube Zahnpasta

IM BERUF

Telefonisch bestellen – Lieferkonditionen besprechen – Was bestellt man wie (telefonisch, per Fax, per E-Mail, per Brief)? – Zahlen bis 200 000 – *können, wollen, möchte_*

	Lektion	Übungen/Hausaufgaben	interkulturelle LK
Übung 5 Bestellkatalog für Firmenbedarf bereithalten	Die Artikel in der Abbildung sind so gepreist, dass tatsächliche Abwägungen zu Preis und Menge nötig sind. Mehr kaufen für einen günstigeren Stückpreis? Oder exakt nach Bedarf bei höherem Stückpreis?		Frage an KT: Gibt es in Ihrem Land einen Versandhandel für Firmenbedarf? Weitere Fragen: Was bestellen Sie im Versandhandel? Was kann man in Deutschland und bei Ihnen im Versandhandel alles kaufen? Preisvergleich für Büroartikel in Deutschland und in den Ländern der KT.
Übung 6 CD 47 CD AB 28	Das Sprechen der Zahlen in **a)** ist eine Vorbereitung auf die vielen Zahlenangaben im Hörtext. Zuerst lesen KT die Fragen **b)** 1–8. Dann erst hören Sie den Text. Vielleicht verteilt L die Fragen auf „Zuständige" in der Klasse.	**G**: Das Zahlenrätsel geht dem Kreuzworträtsel voraus oder wird als Hausaufgabe gelöst. **H**: In **a)** sollen KT die Verbformen eintragen. In **b)** üben sie den Satzbau in Verbindung mit dem Perspektivenwechsel.	
Übung 7 CD 47 CD AB 29	Der Hörtext wird zunächst inhaltlich ausgewertet und dann dazu benutzt, das Satzbauschema zu vervollständigen. Die Verbformen dazu finden die KT in den Fragen 1–8 von Ü 6b.	**I**: Das Unterrichtsanliegen des Lautverstehens hat im Zusammenhang mit Zahlen besondere Bedeutung.	
Übung 8 CD AB 30	Die drei Textbeispiele stellen keine Leseverständnisaufgabe dar, sondern dienen als Muster für die Gruppenarbeit, die einschließlich der Präsentationen 15 Minuten dauern darf.	**J** sichert die sprachliche und inhaltliche Grundlage für die Gruppenarbeit. **K** persifliert das Bestellen über die Service-Hotline und leitet schon zum Magazin über. Bei diesem Text handelt es sich eher um ein Hör<u>angebot</u> als um eine Hörverständnis<u>aufgabe</u>.	Frage an KT: Auf welchem Weg und in welcher Form wickelt man bei Ihnen Aufträge und Bestellungen ab?

TRANSKRIPT LEKTION

Übung 6 b)

- ● Nehrlinger KG, guten Tag. Ich heiße Antonia Grüner. Was kann ich für Sie tun?
- ■ Guten Tag, Frau Grüner. Hier ist Marlies Berg. Ich möchte 70 000 Blatt Papier bestellen.
- ● Sehr gern, Frau Berg. Haben Sie eine Kundennummer bei uns?
- ■ Ja, die Nummer ist sieben zwei fünf eins sechs, siebenhundertfünfundzwanzig sechzehn.
- ● Sieben fünfundzwanzig sechzehn. Gut, das habe ich. Also 70 000 Blatt DIN A4, Xero Offset, weiß, 80 Gramm. Ist das richtig?
- ■ Ja, das stimmt. Wann können wir das Papier haben?
- ● Übermorgen kann ich liefern, um zehn Uhr. Können Sie so lange warten?
- ■ Der Liefertermin ist in Ordnung. Aber wie viel kostet das Papier?

- 70 000 Blatt kosten 420,00 Euro. Aber Frau Berg, warum nehmen Sie nicht eine Palette zu 100 000 Blatt?
- ■ Das ist zu viel.
- Frau Berg, eine Frage: Möchten Sie nicht zwölf Prozent sparen?
- ■ Ich will immer sparen.
- Wollen Sie dann nicht lieber eine Palette nehmen?
- ■ Ach so. Gut, ich nehme eine Palette.

TRANSKRIPT ÜBUNGEN

Übung H a)

- Herr Kantner, ich hätte morgen gern den Firmenwagen.
- ■ Also, Sie hätten gern den Firmenwagen ... Herr Rebholz, brauchen Sie den Wagen wirklich?
- Ja, Herr Kantner, ich brauche den Wagen. Ich habe um zehn Uhr einen Präsentationstermin in Göttingen.
- ■ Wollen Sie nicht lieber den Zug nehmen?
- Das geht leider nicht.
- ■ Aber Sie können doch den ICE um 7.30 Uhr nehmen. Dann sind Sie um 8.50 Uhr in Göttingen.
- Ja, aber ich möchte um 8.30 Uhr bei Firma Sanofit sein. Ich will dort die Bürola präsentieren.
- ■ Ach so, dann können Sie den Firmenwagen natürlich haben.

Übung I

b) Da sagt er nichts. **c)** Er nimmt einen Bus. **d)** Das sind vier Herren. **e)** Ist das sehr viel Arbeit? **f)** Herr Mann kommt zu oft.

Übung K

- Ich rufe schnell an.
- ■ Herzlich willkommen beim Office-Design-Kundenservice. Bitte geben Sie Ihre Kundennummer auf der Telefontastatur ein.
- Sechs, drei, null, null, vier.
- ■ Vielen Dank. Bitte geben Sie die letzten drei Ziffern Ihrer Postleitzahl ein.
- Fünf, zwei, drei, neun, acht, also drei, neun, acht.
- ■ Vielen Dank. Ihre Legitimation war erfolgreich. Möchten Sie Waren bestellen, dann geben Sie die „Eins" ein. Möchten Sie sich mit unserem Kundendienst ...
- Eins.
- ■ Sie möchten Waren bestellen. Sie können persönlich bestellen oder auf Band sprechen. Möchten Sie persönlich bestellen? Sagen Sie „Ja" oder „Nein".
- Ja oder nein.
- ■ Bitte noch einmal.
- Ja oder nein.
- ■ Bitte noch einmal.
- Ja oder nein.
- ■ Sie möchten Waren bestellen. Sie können persönlich bestellen oder auf Band sprechen. Möchten Sie persönlich bestellen? Sagen Sie „Ja" oder „Nein".
- Ja oder nein.
- ■ Bitte noch einmal.
- ▲ Herr Rebholz!
- Ja.
- ■ Sie möchten persönlich bestellen. Ich verbinde Sie mit der Bestellannahme.
- ▲ Ach so, Sie telefonieren. Entschuldigung.
- Ja.
- ◆ Herzlich willkommen bei der persönlichen Bestellannahme von Office-Design. Im Moment sind alle Mitarbeiter im Kundenkontakt. Haben Sie bitte einen Augenblick Geduld. Bitte haben Sie etwas Geduld, please hold the line, veuillez patienter un moment. Bitte haben Sie etwas Geduld.
- Nein!

LÖSUNGEN LEKTION

Übung 6

a) vierhundert, siebentausend, siebzehntausend, siebzigtausend, (ein)hundertsiebzigtausend, zweihundertsiebzigtausenddreihundertsechsundfünfzig
b) 1 C; 2 A; 3 B; 4 B; 5 B; 6 C; 7 C; 8 B

Übung 7

a) 2 Ich möchte 70 000 Blatt Papier bestellen. 3 Wann können wir das Papier haben? 4 Übermorgen kann ich liefern. 5 Können Sie so lange warten? 6 Der Liefertermin ist in Ordnung. 7 Warum nehmen Sie nicht eine Palette zu 100 000 Blatt? 8 Das ist zu viel. 9 Möchten Sie nicht 12 Prozent sparen? 10 Ich will immer sparen. 11 Wollen Sie dann nicht lieber eine Palette nehmen? 12 Gut, ich nehme eine Palette.
b) Frau Grüner: 1, 4, 5, 7, 9, 11; Frau Berg: 2, 3, 6, 8, 10, 12

MAGAZIN

Meinungsaustausch zu einer Anschaffung für das Büro – Klassifizierung von Käufertypen

	Lektion	Übungen/Hausaufgaben	interkulturelle LK
Übung 9	Dient zur Vorentlastung und Vorbereitung auf die Klassifizierung. KT sollen in Teil **a)** die Typen identifizieren und in Teil **b)** anhand der gewählten Merkmale beschreiben, damit sie sich später auf die Thematik einlassen können.		Der Vergleich mit dem Kaufverhalten im Heimatland drängt sich auf.
Übung 10 CD 48	Der Hörtext in **a)** dient zunächst nur dazu, die Bestandteile der Textcollage in der Reihenfolge wiederzuerkennen. Dann erst gehen wir in **b)** dazu über, die Texte den Typen von Übung 9 zuzuordnen. Es gibt Überschneidungen, die zum Diskutieren und Argumentieren einladen. Die Diskussion, nicht die eindeutige Zuordnung ist das Übungsanliegen.	**L** ist Hausaufgabe und zielt auf das Detailverständnis; Die Übung eignet sich für eine Rückbesinnung auf den Text.	
Übung 11	Das abschließende Selbstbekenntnis als dieser oder jener Käufertyp kann dazu führen, dass KT sich in Rollenspielen gegenseitig als diesen oder jenen Käufertyp bezeichnen und Argumente dafür und dagegen vortragen.	**M:** Die vier Bindewörter sind für die geforderte Äußerung von **Ü 11** wichtig. Deshalb kann die Übung vorgeschaltet werden, wenn sie nicht Hausaufgabe ist.	KT sollen ggf. auch Leute aus der Klasse, ihre Landsleute, „die Deutschen" usw. typisieren.

TRANSKRIPT LEKTION

Übung 10 a) und b)

- ● Herr Kunstmann, wie finden Sie denn dieses Modell?
- ■ Aber ich bitte Sie, Frau Garini. So einen Schreibtisch kann man überall kaufen.
- ● Richtig. Und wo ist das Problem? Wir wollen zwei Schreibtische kaufen. Das ist alles.
- ▲ Leute, warum kaufen wir die Schreibtische nicht bei Büro-Discount?
- ■ Für Bernd Erdinger gibt es nur Discount oder eBay.
- ▲ Genau, Herr Kunstmann, gute Idee. Bei eBay können auch Sie sehr günstig kaufen.
- ● Meine Herren, bitte! Hier im Katalog steht es: C-Fuß-Schreibtisch in Nierenform, Kirsche Imitat, höhenverstellbar mit integriertem Kabelkanal.
- ■ Finden Sie den schön?
- ▲ Ja, schön teuer!
- ● Er passt genau und ist sehr praktisch.
- ■ Ja, ja, praktisch, sehr praktisch! Hier, das ist der Katalog von Office-Design. Das sind Schreibtische! Hier zum Beispiel.
- ● Aber Herr Kunstmann, wir sind hier bei der Firma Rhodana GmbH. Das ist kein Museum für moderne Kunst.
- ▲ Und was kostet denn das gute Stück, Herr Kunstmann?
- ■ Das steht in der Preisliste. Aber im Moment ist das egal, lieber Herr Erdinger. Der Preis ist meine letzte Frage, nicht meine erste.

LÖSUNGEN

Übung 9

a) der planvolle Typ: D, G; der spontane Typ: B, G, H, I; der sparsame Typ: A, C, E, F

Übung 10

a) von links oben nach rechts oben: 1, 3, 10, 4, 11, 8, 12, 7, 5, 2, 9, 6
b) Maria Garini: 2, 3, 7; Julian Kunstmann: 1, 4, 8, 5, 6; Bernd Erdinger: 10, 11, 12, 9

Name: ____________________ **Kurs:** __________

HÖREN

Was hören Sie? Kreuzen Sie A, B oder C an. Hören Sie den Dialog im Kursbuch, Seite 57, Übung 2 (CD 46), zweimal.

0 Oskar und Tamara planen [A] einen Ausflug. [B] eine Besprechung. [X] einen Einkauf.
1 Einen Einkaufszettel findet [A] Oskar gut. [B] Tamara gut. [C] Karen gut.
2 Oskar kauft Lebensmittel [A] für einen Tag. [B] für zwei Tage. [C] für drei Tage.
3 Er braucht [A] keine Getränke. [B] nur Bier. [C] auch Getränke.
4 Wer kommt zu Besuch? [A] Freunde [B] Eltern [C] der Chef
5 Oskar braucht [A] Kartoffeln. [B] Eier. [C] Marmelade.
6 Er hat noch [A] viel Obst. [B] wenig Obst. [C] kein Obst.
7 Er hat keine [A] Zahnpasta mehr. [B] Nudeln mehr. [C] Milch mehr.
8 Wie viel Wurst möchte er? [A] zwei Kilo [B] 200 Gramm [C] zwei Dosen
9 Oskar isst [A] Nudeln und Reis. [B] keinen Reis. [C] nur Nudeln.
10 Er kauft Getränke [A] in Dosen. [B] in Flaschen. [C] im Glas.

Punkte: ____/10

LESEN

Was ist richtig? Was ist falsch? Kreuzen Sie an.

a)

	richtig	falsch
0 Um 9.15 Uhr geht ein Flug nach Frankfurt.		X
1 Der Plan zeigt die Abfahrtzeiten ab München Hauptbahnhof.		
2 Der Zug aus Mittenwald ist um 8.54 Uhr in München.		
3 Fahrtdauer Nürnberg–München: eine Stunde und vierzig Minuten		
4 Der Zug aus Stuttgart fährt nur am Wochenende.		
5 Zwischen 8.54 Uhr und 9.16 Uhr gibt es nur einen Zug aus Stuttgart.		

b)

	richtig	falsch
6 Tom kommt zum Abendessen.		
7 Oskar ist noch nicht da.		
8 Tamara ist auch im Informatik-Kurs.		
9 Oskar muss noch einkaufen.		
10 Das Abendessen ist morgen.		

Ihr Ankunftsplan München Hbf

8.54	*RB* 5408	**Mittenwald 7.00** – Klais 7.08 – Garmisch-Partenkirchen 7.31 – Oberau 7.38 – Eschenlohe 7.44 – Ohlstadt 7.49 – Murnau 7.57 – Uffing 8.02 – Huglfing 8.08 – Weilheim 8.15 – (Kochel Ⓔ –) Tutzing 8.26 – Pasing ✈ 8.46 –	**27**
8.59 ⑥ und ⑦ nicht 24., 31.Dez	*RE* 14505	**Stuttgart 5.51** – Stuttgart Bad-Cannstadt 5.56 – Waiblingen 6.03 – Schorndorf 6.14 – Lorch 6.25 – Schwäbisch Gmünd 6.31 – Böbingen 6.38 – Aalen 6.53 – Goldshöfe 6.59 – Bopfingen 7.14 – Nördlingen 7.27 – Möttingen 7.35 – Harburg 7.43 – Donauwörth 7.55 – Augsburg 8.24 –	**16**
		9.00	
9.07	*ICE* 985	*Peter Henlein* **Nürnberg 7.27** – Augsburg 8.36 – Pasing ✈ 8.59 –	**19**
9.08	*RE* 4541 *RE* 4561	**Füssen 7.01** – Seeg 7.21 – Marktoberdorf 7.50 – Kaufbeuren 8.05 – Buchloe 8.20 – Kaufering 8.28 – Geltendorf 8.38 – Pasing ✈ 9.00 –	Ⓓ **29** Ⓔ **32**
9.10	*IR* 2164	**Hof 5.16** – Marktredwitz 5.46 – Wiesau 6.00 – Weiden 6.27 – Schwandorf 6.56 – **Regensburg 7.35** – Neufahrn (Ndb) 7.58 – Landshut 8.15 – Freising 8.44 – Hof – Regensburg an Ⓜ	**24**
9.16 Ⓐ	*SE* 16004	(Bayrischzell 🚌 7.35 –) **Schliersee 8.20** – Miesbach 8.34 – Holzkirchen 8.49 – Mü-Harras 9.08 – Mü-Donnersbergerbrücke 9.13 –	**35**

Lieber Tom,
bin noch im Informatik-Kurs. Muss dann noch Getränke für das Abendessen kaufen. Bin um 18.30 Uhr wieder da. Kannst du bitte so lange zu Tamara gehen? Ihr könnt ja schon das Abendessen vorbereiten. Ich helfe dann auch. Bis später!
Oskar

Punkte: ____/10

Alltag, Beruf & Co. 1, Lehrerhandbuch, ISBN 978-3-19-141590-7, © Hueber Verlag 2009

Zwischentest 3

GRAMMATIK

Was ist richtig? A, B oder C? Kreuzen Sie an.

- ● (0) _____du eine Frage?
- ■ Ja. (1) _____ du am Mittwoch nach Lugano fahren?
- ● Ja, das (2) _____. Kann ich den Firmenwagen (3) _____?
- ■ Warum (4) _____ du nicht den Zug?
- ● Ach, den Zug (5) _____ nicht so gern. Ich nehme (6) _____ das Auto.
- ■ Aber vielleicht (7) _____ einen Stau.
- ● Aber wie komme ich ohne Auto vom Bahnhof (8) _____ Gespräch bei Firma Köster?
- ■ Das ist kein Problem. Du kannst (9) _____ Bus nehmen. Zu Fuß (10) _____ es auch nur fünf Minuten.

	A	B	C
0	A Habt	☒ B Hast	C Haben
1	A Kannst	B Könnt	C Kann
2	A will	B gehen	C geht
3	A nimmt	B nehmen	C nehme
4	A fährt	B nimmst	C nehmt
5	A nehme ich	B ich nehme	C nehmen
6	A möchte	B sehr	C lieber
7	A gibt	B hat	C gibt es
8	A zum	B zu	C von
9	A den	B der	C ein
10	A dauern	B dauert	C gehen

Punkte: _____/10

SCHREIBEN

Sie besuchen Herrn de Jong in Luxemburg. Schreiben Sie eine E-Mail. Informieren Sie Herrn de Jong.

- Abfahrt (Tag, Uhrzeit)
- Ankunft
- Verkehrsmittel
- Zeit in Luxemburg
- Rückfahrt (Uhrzeit)

Sehr geehrter Herr de Jong,

____

____

____

____

____

____

____

Mit freundlichen Grüßen

____

Punkte: _____ x 2 = _____/10

WORTSCHATZ

Welches Wort passt nicht? Kreuzen Sie an.

	A	B	C	D
0	A Flasche	B Beutel	C Dose	☒ D Marmelade
1	A Bier	B Mehl	C Apfelsaft	D Mineralwasser
2	A Auto	B Bahnhof	C Haltestelle	D Flughafen
3	A am Morgen	B am Abend	C am Dienstag	D am Vormittag
4	A Schweiz	B Köln	C Frankreich	D Deutschland
5	A Reis	B Joghurt	C Nudeln	D Kartoffeln
6	A Bus	B Zug	C S-Bahn	D Haltestelle
7	A Auto	B Wohnort	C Adresse	D Telefonnummer
8	A Gemüse	B Obst	C Getränke	D Blumenkohl
9	A Ingenieur	B Lehrer	C Rechner	D Laborant
10	A gern	B oft	C manchmal	D immer

Punkte: _____/10

Ergebnis: _____ Punkte x 2 = _______/100

Alltag, Beruf & Co. 1, Lehrerhandbuch, ISBN 978-3-19-141590-7, © Hueber Verlag 2009

LEKTION 7: MIT DEM ICE DIREKT NACH BERLIN MITTE

Sprechen und Einüben kommunikativer Strukturen

Das Sprechen steht in *AB&C* im Vordergrund. Ziel ist es, die KT zu flüssiger und richtiger mündlicher Kommunikation zu befähigen. Auch Muttersprachler erfahren immer wieder, wie schwierig es ist, die angemessenen Redemittel und Redestrategien aus der Fülle der Möglichkeiten sekundenschnell auszuwählen und zusammenzuführen. Nicht-Muttersprachler sind dabei, egal auf welchem Niveau, immer strukturell überfordert, denn mit wachsender Beherrschung wachsen ja auch die Ansprüche.

Wie der Musikunterricht nicht mit der Einübung einer Symphonie, sondern mit einzelnen kurzen Tonfolgen einsetzt und diese zu einfachen Melodien zusammenführt, so müssen wir im Sprachtraining einzelne kurze Äußerungsmuster mit größtmöglichem Gebrauchsnutzen anbieten, einüben und in relevanten Sprachhandlungen zusammenführen. In Lektion 7, „Sich in der Stadt orientieren, nach dem Weg fragen, Auskunft geben", schlagen wir u.a. als Redemittel vor:

● *Entschuldigung, wie komme ich ...*
■ *Geradeaus / über die Brücke / zweite links / erste rechts / ... Da ist ...*

Lernziel: Die KT können
- mithilfe dieser „Bausteine" selbstständig um Auskunft bitten und eine Auskunft erteilen (siehe Seite 67, Übung 4: „Wie komme ich vom Flughafen zur Sperling GmbH?"),
- sie auf andere, verwandte Situationen übertragen (s. S. 68/69: Orientierung in Gebäuden)
- und sie langfristig im alltäglichen und beruflichen Leben aufgreifen und mit anderen „Bausteinen" vernetzen.

Sie finden diese Bausteine
- in den **Redemitteln der Einstiegs- und Anwendungsübung** am Anfang und Ende jeder Doppelseite;
- in dialogischen **Partnerübungen** mit Gewicht auf der Bewusstmachung und Einübung grammatischer Regularitäten (z. B. auf Seite 67, Übung 3, Seite 69, Übung 8),
- in den eng geführten **Sprechübungen auf CD** im Übungsteil (z. B. auf Seite 74, Übung K).

Gerade die zuletzt genannten „4-Phasen-Drills" (Stimulus – KT-Respons – Kontrollantwort – KT-Wiederholung) erfüllen, auch wenn ihnen natürlich sprechübliche Äußerungsmuster zugrunde liegen, nicht die Anforderungen authentischer Kommunikation. Sie erheben diesen Anspruch auch nicht. Aber sie schaffen wichtige Voraussetzungen für planvolles, richtiges Sprechen in authentischen Situationen – insofern vergleichbar mit dem Pianisten, der in Vorbereitung aufs bevorstehende Klavierkonzert geduldig Fingerübungen macht (auch der Virtuose verzichtet darauf nicht!), oder dem Kugelstoßer, der sich mit Liegestützen auf den Wettkampf vorbereitet. Mit den Sprechübungen haben diese Übungen die monotone Wiederholung und den geringen individuellen Gestaltungsspielraum gemeinsam. Ihr Nutzen erschließt sich mit Blick auf das gesamte Trainingskonzept und die angestrebte Zielfertigkeit. Sie sollen den Kursteilnehmer eher unter- als überfordern und flüssig ablaufen. Dazu kann gegebenenfalls ein Probelauf ohne die Tempovorgaben der CD vorgeschaltet werden. Ein weiterer Durchgang, nun mit Augenmerk auf die Aussprache, ist denkbar.

Die **Ausspracheübungen** (siehe auch „Die Aussprache", Lehrerhandbuch Seite 39) sorgen dafür, dass die KT-Äußerungen nicht nur kommunikativ angemessen und formalgrammatisch richtig sind, sondern auch beim Partner „ankommen". Dieses entscheidende Kriterium erfolgreicher Kommunikation – hat der Partner wirklich verstanden / verstehen können? – kommt im Unterricht manchmal zu kurz. Während die Sprechübungen von den KT eine Transformation fordern, sind die Ausspracheübungen reine Nachsprech- und Bewusstmachungsübungen. Die Fokussierung auf das einzelne Phonem und die damit einhergehende übertriebene Deutlichkeit der Aussprache haben zur Folge, dass die KT-Äußerungen in hohem Maße künstlich, und nicht „authentisch" sind. Dies nehmen wir in Kauf, denn in dieser zugespitzten Form können sie am wirkungsvollsten die Voraussetzungen für authentische, also erfolgreiche Kommunikation schaffen.

Lektion 7

Durchnahmevorschläge, Transkripte, Lösungen

IM ALLTAG

Orientierung in der Stadt – *Wo ist ... / Wie komme ich zu ...? – Gehen Sie in Richtung ..., geradeaus – den/das/die ... entlang, die erste/zweite/... Straße rechts/links* – Imperativ mit *Sie* – Ordnungszahlen 1–19

	Lektion	**Übungen/Hausaufgaben**	**interkulturelle LK**
Übung 1 OHP-Folie Stadtplan Berlin Mitte CD 49 CD 50 OHP-Folie mit Lösungen von Ü 1 c)	KT klären die Ausgangssituation anhand des Briefs und der Abbildung: Wer kommt wann wohin? Pläne? ... **a)** Lesen in Rollen, Fragender verfolgt die Auskunft auf dem Stadtplan **b)** Aufgaben 1–3 vor dem Hören lesen, 1 und 2 nach dem 1. Hören, 3 nach dem 2. Hören bearbeiten. Mit „Brücke" ist hier und in Ü 2 die Fußgängerbrücke gemeint, nicht die Willy-Brandt-Straße. **c)** Vortrag, OHP-Folie zur Ergebnissicherung **d)** fakultativ, siehe auch „Wichtige Wörter und Wendungen", S. 71	**A a)** vor Einstieg in Ü 1 oder als Hausaufgabe; **b)** Hausaufgabe; **B** dient dazu, die Redemittel zur Wegbeschreibung anzuwenden. **C:** die Semantisierung von *ungefähr/genau* nach Ü 1 **c)** schließt diesen Schritt ab.	Sehenswürdigkeiten, wichtige Stätten in der Bundeshauptstadt; Hauptbahnhof: eröffnet 2006, Kreuzung der Bahnlinien in Nord-Süd- und Ost-West-Richtung auf zwei Ebenen. Auf 15.000 m^2 arbeiten hier ca. 1.000 Menschen.
Übung 2 CD 51 CD 52 CD AB 31	**a)** Rollenspiel zu zweit mit Augenmerk auf die Ordnungszahlen, unterstützt durch CD 51 **b)** HV in Einzelarbeit, abschließende Präsentation des Wegs am OHP. Ausgangspunkt ist auch hier der Hauptbahnhof. Zu den Ordnungszahlen siehe auch Grammatik, S. 71.	**D**: Aussprache – Konsonantenhäufung, anknüpfend an links, rechts, Hauptbahnhof usw. **E**: Einüben der Ordnungszahlen	Redeeinleitung und -abschluss bei der Bitte um Auskunft
Übung 3 OHP-Folie Grafik Ü 3	**a)** Schriftliches Einüben der Formen von *zu*, evtl. zuerst gemeinsam an der Tafel, dann Einträge ins Buch **b)** Kurzdialoge, wechselnde Partner, Orientierung an der Folien-Projektion	**F** bereitet mit der Wiederholung der relevanten Redemittel und des Satzbaus die Anwendungsübung 4 vor.	
Übung 4 OHP-Folie Straßenplan	Erarbeitung der Wegbeschreibung: • in schwächerer Teilnehmergruppe anhand der Projektionsfolie im Plenum • in stärkerer Teilnehmergruppe in Partnerarbeit als zusammenhängender Vortrag	**G** eignet sich als Ergänzung oder als Alternative zu Ü 4 oder auch (ganz oder teilweise) als Hausaufgabe.	GmbH: Gesellschaft mit beschränkter Haftung; Rechtsform der meisten Firmen in Deutschland u. Österreich, entspricht in etwa: – Schweiz: AG – England/USA: Ltd. – Frankreich/Spanien: SARL

TRANSKRIPT LEKTION

Übung 1 b)

- ● Ach, Entschuldigung, wo bitte ist die Humboldt-Universität?
- ■ Die Universität? Sorry, das weiß ich auch nicht. Ich bin nur zu Besuch hier.
- ● Oh, aber vielen Dank. ... Entschuldigung, wie komme ich zur Humboldt-Universität?
- ▲ Die Humboldt-Universität? Die ist Unter den Linden. Am besten gehen Sie hier geradeaus über die Brücke und dann gleich links. Gehen Sie links die Spree entlang. Nehmen Sie dann die dritte Straße rechts. Das ist die Wilhelmstraße. Gehen Sie die Wilhelmstraße geradeaus. Die zweite Straße ist dann schon die Straße Unter den Linden. Gehen Sie da links. Nach 800 Metern sehen Sie links die Humboldt-Universität.
- ● Also, die dritte Straße rechts, das ist die Wilhelmstraße. Und dann die zweite Straße rechts.
- ▲ Nein, links, nicht rechts! Rechts ist das Brandenburger Tor. Sie gehen links. Es ist nicht weit.
- ● Ist da nicht auch das Deutsche Historische Museum?
- ▲ Richtig. Ungefähr hundert Meter weiter ist das Museum.

Übung 2 b)

- ● Entschuldigung, wo bitte ist der Reichstag?
- ■ Das Parlament? Gehen Sie hier in Richtung Spree und über die Brücke. Gehen Sie geradeaus durch den Park. Nehmen Sie dann die zweite Straße links. Das ist die Paul-Löbe-Allee. Da ist gleich rechts der Platz der Republik, und Sie stehen direkt vor dem Reichstag.
- ● Also: Geradeaus über die Brücke, dann die zweite Straße links. Da ist rechts der Reichstag. Danke.

TRANSKRIPT ÜBUNGEN

Übung D b)

Gehen Sie rechts, dann links.
Suchen Sie die Straße auf dem Stadtplan.
Zum Hauptbahnhof? Gehen Sie die Spree entlang.
Entschuldigung, ich brauche eine Auskunft.

LÖSUNGEN LEKTION

Übung 1

b) 1 der Mann; 2 die Humboldt-Universität; 3 Die Auskunft ist richtig.
c) geradeaus – links – rechts – zweite – links – links – Humboldt-Universität
d) über die Brücke, die Willy-Brandt-Straße weiter geradeaus bis zur 6. Straße. Das ist die Straße des 17. Juni, da links durch das Brandenburger Tor, über den Pariser Platz und die Straße Unter den Linden bis zur 5. Straße: Da ist links die Humboldt-Universität.

Übung 2

a) ● Entschuldigung, wo bitte ist der Reichstag?
■ Gehen Sie geradeaus über die Brücke. Nehmen Sie die 3. Straße links und dann die 1. Straße rechts. Da ist der Reichstag.
● Also geradeaus über die Brücke, die 2. Straße links und dann die 1. Straße rechts. Danke.
b) Die Beschreibung ist falsch. Es muss richtig heißen: „Nehmen Sie die dritte Straße links." Die Straßen heißen: Friedrich-List-Ufer, über das L.-Erhard-Ufer weiter geradeaus, Paul-Löbe-Allee.

Übung 3

a) zum Supermarkt, zum Park, zur Bank, zur Post, zum Museum, zum Krankenhaus
b) Lösungsbeispiel: Wie komme ich zur U-Bahn? – Gehen Sie hier geradeaus. Nehmen Sie dann die vierte Straße rechts. Da ist links die U-Bahn-Station.

Übung 4

Vom Flughafen zur Sperling GmbH (Lösungsbeispiel): Da gibt es mehrere Möglichkeiten. Fahren Sie die Flughafenstraße bis zur Ausfahrt Süd. Fahren Sie da links in die Ringstraße. Fahren Sie da über die Brücke und dann die erste Straße rechts. Nehmen Sie diese Straße immer geradeaus. Dann fahren Sie rechts und die erste Straße links. Da kommen Sie direkt zur Sperling GmbH.
Von der Sperling GmbH zum Flughafen (Lösungsbeispiel): Da gibt es mehrere Möglichkeiten. Fahren Sie von der Sperling GmbH die Mittelstraße geradeaus bis zur zweiten Straße. Fahren Sie dort links immer geradeaus bis zur Ringstraße. Dort fahren Sie rechts und an der Ausfahrt Süd links in die Flughafenstraße. Da kommen Sie direkt zum Flughafen.

IM BERUF

Orts- und Richtungsangaben – Orientierung im Betrieb – *Ich suche den/die/das ... – Ich möchte in den Konferenzraum / ins Erdgeschoss / in die erste/zweite ... Etage* – Imperativ mit *Sie* – Ordnungszahlen 1–19

	Lektion	Übungen/Hausaufgaben	interkulturelle LK
Übung 5 CD 53	Die Abbildung versetzt die KT an den Besucherempfang. Sie übernehmen abwechselnd die Rolle des Mitarbeiters am Empfang und des Besuchers. KT können mithilfe der angebotenen Redemittel nach den drei Veranstaltungen fragen und Auskünfte geben. Das soll zunächst genügen.	In einer eher zurückhaltenden Gruppe kann **H** das probierende Sprechen in Ü 5 anstoßen. Wenn das erreicht ist, wird die Übung schriftlich erledigt.	Verhalten am Besucherempfang: – Der Besucher nennt Gesprächspartner und Termin – Er soll telefonisch angemeldet und evtl. abgeholt bzw. zum Gesprächspartner begleitet werden. Zählung der Stockwerke in Deutschland: Erdgeschoss, 1. Etage, 2. Etage, ... (nicht, wie in manchen Ländern Erdgeschoss = 1. Etage)
Übung 6 CD 54	Klärung der Situation anhand der Teile a) – d); in Teil e) Diskussion über die Pannen, Verwechslungen und das korrekte Verhalten (siehe Lösungen)		
Übung 7	In Ü 6 a) werden die Richtungsangaben (Seite 66/67) um Ortsangaben ergänzt. Ü 7 verdeutlicht die formalen Unterschiede. An dieser Stelle auch die Grammatik S. 71, 3, beachten!	**I** vertieft Ü 7; sie kann Ü 8 vorbereiten oder Sie geben sie als Hausaufgabe.	
Übung 8 CD AB 32	Orientierung in Gebäuden: *Wo ist ... / Wie komme ich zu ...* So können Sie die Partnerarbeit in Gang setzen: – Einige Beispiele KL – KT – Einige Beispiele KT – KT – Partnerarbeit, wechselnde Partner, alle gleichzeitig. Grammatik S. 71, 4: Adjektivendungen (Ordnungszahlen)	Die Semantisierungsübung **J** kann Einträge ins Vokabelheft anregen. Die Sprechübung **K**, Übung **L** und **M** dienen dem vertiefenden Einüben der Orts- und Richtungsangaben	
Übung 9	Ü 9 greift das Adverb *da* (Anwesenheit und Zeitpunkt, Lektion 3) auf und macht, anknüpfend an *Da sehen Sie ... / Da ist ...* die Verwendungsweise als Ortsangabe bewusst.	**N** Einsetzübung zu Bedeutung und Gebrauch von *da*	
Übung 10 CD AB 33	KT führen die erworbenen Sprachmittel zusammen und berichten mündlich und/oder schriftlich über Wege, die sie privat oder beruflich zurücklegen müssen.	Die Ausspracheübung **O** knüpft an das gehäufte Auftreten des *Z*-Lauts an: *Zukunft, Zentrum, zweite Etage ...*	

TRANSKRIPT LEKTION

Übung 6

- ● Guten Tag, mein Name ist Lavalle, Weidrich AG. Ich möchte zu Herrn Maier.
- ■ Herr Meier ... mit e – i, a – i oder mit a – y?
- ● Mmm, e – i, a – i ...? Ich ... ich glaube, mit e – i.
- ■ Ah ja, also Herr Meier, Christoph Meier mit e – i, Zimmer null – sechsundzwanzig. Einen Moment bitte, ich sage ihm Bescheid. ... Herr Meier telefoniert gerade. Er ist sicher gleich fertig. Sie können ja schon mal zu seinem Büro gehen. Es ist gleich hier unten im Erdgeschoss. Gehen Sie hier links den Korridor bis ans Ende, dann rechts. Die zweite Tür auf der linken Seite, das ist das Büro von Herrn Meier.

- ▲ Guten Tag, mein Name ist Hader. Ich habe einen Termin mit Herrn Meier im Vertrieb.
- ■ Oh, gerade ist eine Besucherin bei Herrn Meier.
- ▲ So? Mmm ... Na, ich geh mal hin. Ist das in Ordnung?
- ■ Äh, jaja ...

- ● Ach, ich glaube, es ist doch nicht Herr Meier mit e – i. Es ist wohl Herr Maier, also ... also Maier mit a – i.
- ■ Herr Maier in der dritten Etage oder vielleicht doch Herr Mayer mit a – y in der vierten Etage?
- ● Ähm ...
- ■ Ich rufe mal an. Moment bitte. Hier ist Frau Lavalle für Sie ... Ja ... in Ordnung. Sie haben recht. Herr Maier mit a – i, Projektabteilung, Zimmer drei – vierzehn.
- ● Ah ja. Hier die Treppe hoch, nicht wahr?
- ■ Am besten, Sie nehmen den Aufzug. In der dritten Etage gehen Sie links. Zimmer drei – vierzehn ist auf der rechten Seite.
- ● Ja, das geht schneller.
- ■ Ach Thomas, geh' doch mal mit Frau Lavalle zu Herrn Maier in die dritte Etage. Herr Maier weiß Bescheid.
- ● Danke, das ist nett.

TRANSKRIPT ÜBUNGEN

Übung K

- ● Ist die Telefonzentrale im Erdgeschoss?
- ■ Ja, gehen Sie ins Erdgeschoss.
- ● Ist die Besprechung im Konferenzraum?
- ■ Ja, gehen Sie in den Konferenzraum.
- ● Arbeitet Herr Maier in der dritten Etage?
- ■ Ja, gehen Sie in die dritte Etage.
- ● Wohnt Herr Kaufmann in der Bahnhofstraße?
- ■ Ja, gehen Sie in die Bahnhofstraße.
- ● Ist das Marketing in Raum 14?
- ■ Ja, gehen Sie in Raum 14.
- ● Gibt es Brötchen im Supermarkt?
- ■ Ja, gehen Sie in den Supermarkt.
- ● Ist Frau Müller im Marketing?
- ■ Ja, gehen Sie ins Marketing.
- ● Arbeitet Frau Thomas in der Verwaltung?
- ■ Ja, gehen Sie in die Verwaltung.

Übung O b)

In die zwölfte Etage nehmen Sie den Aufzug.
Raum zehn ist in der zweiten Etage.
Ich möchte zum Gesprächskreis Zukunft.
Das Kundenzentrum hat sechzig Plätze.
Von Firma Zeiser zurück ins Zentrum.

LÖSUNGEN LEKTION

Übung 6

a) 1-B, 2-C, 3-A
b) Maier (in der dritten Etage)
c) Herrn Meier, Zimmer 0-26, Herrn Meiers Zimmer befindet sich in der linken oberen Ecke des Plans.
d) Sie nimmt den Aufzug.
e) Edith Lavalle macht falsch: Sie weiß den Namen nicht genau, nennt den Tätigkeitsbereich des Gesprächspartners und ihr Anliegen nicht, lässt sich nicht anmelden; richtig macht sie: Sie meldet sich am Besucherempfang;
die Mitarbeiterin am Empfang macht falsch: Beim ersten Mal meldet sie die Besucherin nicht an, lässt sie nicht am Empfang abholen oder zum Gesprächspartner begleiten; richtig macht sie: Beim zweiten Mal fragt sie nach, meldet die Besucherin an und lässt sie zum Gesprächspartner begleiten.

Übung 7

Wo: bei Herrn Meier, im Erdgeschoss, in der zweiten Etage, bei der Weidrich AG; Wohin: zum Krankenhaus, in die dritte Etage, zur Planungskonferenz, zu Herrn Meier, ins Erdgeschoss, in den Bahnhof

Übung 8

Lösungsbeispiele: ● Wo bitte ist der Konferenzraum? ■ Der ist in der ersten Etage. – ● Ich suche das Besprechungszimmer. ■ Nehmen Sie die Treppe. Gehen Sie in die erste Etage. Da gehen Sie links. Die zweite Tür rechts, da ist das Besprechungszimmer. – ● Ich möchte zu Herrn Mayer. ■ Den finden Sie in Raum 4-10. Nehmen Sie den Aufzug in die vierte Etage. Gehen Sie rechts. Die erste Tür links, da ist Raum 4-10.

Übung 9

a) Edith Lavalle fährt um 10.00 Uhr zur Firma Sperling. *Da (Ort)* hat sie einen Termin. Um 10.03 ist sie *da (Ort)*. Die Mitarbeiterin am Empfang schickt sie in Raum 0-26. *Da (Ort)* arbeitet Herr Meier. Er ist *da (Anwesenh.)*. Um 10.05 Uhr ist ein Besucher *da (Anwesenh.)*. Er möchte auch zu Herrn Meier. Aber *da (Zeitp.)* ist Edith schon bei Herrn Meier. Was ist passiert?

b) Christel erwartet Edith um 14.00 Uhr *am Reichstag*. Aber Edith ist nicht am Reichstag. Sie wartet an der Universität. Aber *an der Universität* ist Christel nicht. Edith wartet bis 14.30 Uhr. *Um 14.30 Uhr* kommt Christel. Sie gehen in ein Café. *Im Café* trinken sie etwas. Sie bleiben bis 16.00 Uhr *im Café. Um 16.00 Uhr* kommt ein Anruf. Christel sagt: „Ich muss ins Büro. *Im Büro* gibt es ein Problem." Sie fährt schnell ins Büro. Die Kollegen sind auch schon *im Büro*.

MAGAZIN

Spiele: Orientierung in der Stadt – im Betrieb

	Lektion	Übungen/Hausaufgaben	interkulturelle LK
Übung 11 CD 55	Eine kurze Beschäftigung mit den Hörverständnis-Fragen dient der Vororientierung auf das Spiel mit dem Spielplan.		
Übung 12	Der Dialog zu Ü 11 und das Redebeispiel sind als Spielanleitung zu verstehen. – Spieler 1 teilt seinen Standort mit. – Spieler 2 teilt seinen Standort mit. – Spieler 1 sagt, wohin er geht und zieht. – Spieler 2 sagt, wohin er geht und zieht. Dabei entfernt sich Spieler 2 immer wieder von Spieler 1. – Das Spiel ist beendet, wenn Spieler 1 Spieler 2 gefunden hat. Statt der angedeuteten Spielfiguren eignen sich auch Münzen o. Ä.	**P** wiederholt Wortschatz der Lektion und soll zu thematisch geordneten Einträgen ins Vokabelheft anregen.	Sehenswürdigkeiten in Berlin – Anregung zur vertieften Beschäftigung mithilfe einer Recherche im Internet

TRANSKRIPT

Übung 11

- ● Hallo Christel, hier ist Edith. Ich bin jetzt an der U-Bahn-Station Metropol-Theater. Wo bist du?
- ■ Ich bin an der Philharmonie. Ich gehe jetzt zum Tiergarten. Das ist dieser große Park. Ich bin dann in zehn Minuten am Reichstag.
- ● Okay, ich gehe zum Brandenburger Tor. Ist das in Ordnung?
- ■ Ja, das ist gut. So kommst du zum Reichstag. Bis gleich!

- ■ Hallo, Edith. Christel hier. Ich bin jetzt im Tiergarten. Und du? Bist du schon am Brandenburger Tor?
- ● Nein, Christel, tut mir leid. Ich stehe hier vor einem Café Unter den Linden.
- ■ Oh, da ist etwas nicht in Ordnung. Na, macht nichts. Du kannst einfach weiter geradeaus zur Universität gehen. Da wartest du. Ich komme auch zur Universität. Ich brauche ungefähr fünf Minuten. Dann bin ich da.

- ■ Edith, hier ist wieder Christel. Bist du an der Universität?
- ● Ja, ich warte schon. Und jetzt sehe ich dich auch. Huhu, Christel! Hier! Hier bin ich!
- ■ Ach ja, da bist du ja!
- ● Hallo, Christel. So, und jetzt gehen wir zusammen zum Reichstag.

LÖSUNGEN

Übung 11: Christel ist an der Philharmonie. Edith ist an der U-Bahn-Station Metropol-Theater. Sie wollen zum Reichstag.

LEKTION 8: TERMINE, TERMINE, TERMINE

Hör- und Lesetexte in *Alltag, Beruf & Co.*

In *AB&C* folgen Hör- und Lesetexte meistens auf die Bild-Redemittel-Collage zu Beginn jeder Doppelseite. So auch in Lektion 8:

– Seite 76 (Im Alltag), Übung 2, Dialog: Auseinandersetzung zwischen Nina und Urs über eine schwierige Terminverschiebung
– Seite 78 (Im Beruf), Übung 7, Textcollage aus Telefonnotiz, E-Mail, SMS und Notizzettel: Rekonstruktion des Ablaufs einer betriebsinternen Kommunikation

An dieser Stelle verbinden die Texte den Einstieg und die Übungsphase. Im Einstieg üben die KT eine Sprachhandlung ansatz- und probeweise aus, die sie noch nicht flüssig und korrekt bewältigen können. Die Einstiegsübung dient damit auch der Vorentlastung des darauf folgenden Hör- oder Lesetexts. Er präsentiert die zuvor eingeführten Sprachmittel im Kontext, lenkt die Aufmerksamkeit der KT auf diese Sprachmittel und öffnet den Weg zur Einübung in den nachfolgenden Lernschritten.

Durchnahme
Allgemein vermitteln Hör- und Lesetexte Inhalte und werden möglicherweise daraufhin ausgewertet, sie demonstrieren sprachliche Erscheinungen oder sind Anlass bzw. Modell für schriftliche oder mündliche Produktion. Damit sind sie nicht Selbstzweck, also Lernziel, sondern Instrument, das dem Lernziel dient. Demgegenüber neigen die Kursteilnehmer häufig dazu, Texte als Lerngegenstand misszuverstehen. Sie problematisieren folglich unbekannte Wörter und fordern umfangreiche Worterklärungen. Lehrer wiederum neigen dazu, dem nachzugeben.

– Stellen Sie sicher, dass die KT die begrenzte, aufs Lernziel bezogene Aufgabenstellung sorgfältig zur Kenntnis nehmen und verstehen, bevor sie sich mit dem Text befassen. Die Aufgabenstellung steuert Inhalt und Umfang der Textarbeit. Vielleicht wollen Sie die Aufgabenstellung erweitern oder modifizieren. Auch dann müssen die KT Ihre Absicht kennen. In keinem Fall darf die Arbeitsanweisung lauten: „Lesen Sie den Text." / „Hören Sie den Dialog.", sondern sie muss lauten: „Lesen Sie die Aufgaben zum Text."

– Die Texte werden im vorgegebenen Rahmen *ausgewertet* und sind damit unterrichtlich erledigt. Textanalysen, weitergehende Worterklärungen oder gar Übersetzungen in die Muttersprache sind lernökonomisch unwirtschaftlich: Alle Beteiligten würden viel Zeit investieren, ohne entsprechenden Zugewinn im Hinblick auf das Lernziel daraus zu ziehen.

– Die Auswertung des Textes soll zügig vonstatten gehen, und eher in 10 als in 15 Minuten abgeschlossen sein. Eine Zeitvorgabe signalisiert den KT den Umfang der erwarteten Tätigkeit. Einzelabfrage der Lösungen durch den L ist eher die Ausnahme. Lernerzentrierte Formen – KT tragen sich gegenseitig ihre Lösungen vor, korrigieren und ergänzen sie gegebenenfalls selbstständig – sind die Regel.

– Betrachten Sie unterschiedliche Lösungen als Mittel zur Belebung des Unterrichtsgesprächs und nicht als lästigen Zwischenfall. Das Kursbuch provoziert solche Diskussionen mithilfe von Aufgabenstellungen, die anhand des Textes unterschiedlich oder nur aus dem Vor- und Weltwissen zu lösen sind. Nicht die Lösung, sondern das Gespräch darüber und der Weg dorthin bringen den erwünschten Lernzuwachs.

– Achten Sie bei der Auswertung auf planvolle und verständliche Äußerungen der KT. Akzeptieren Sie bruchstückhafte Äußerungen aus Sprechnot, nicht aber aus Nachlässigkeit. Lassen Sie bei Multiple-Choice- oder Ja/Nein-Aufgaben keine Zurufe wie *„1 – C!, 2 – A!"* zu. Fordern Sie stattdessen einen zusammenhängenden Vortrag, zum Beispiel: *Herr Maier arbeitet nicht im Erdgeschoss und nicht in der 4. Etage. Richtig ist: Er arbeitet in der 3. Etage.* (Lektion 7, Übung 6)

Durchnahmevorschläge, Transkripte, Lösungen

IM ALLTAG

Informelle Uhrzeit: *kurz vor/nach zehn, halb zehn, Viertel vor/nach acht, zwanzig vor/nach neun, ...* – Wann: *in zehn Minuten, in zwei Stunden* – Modalverben *können, müssen, wollen* (*ich, du, er/sie*) als Vollverben

	Lektion	Übungen/Hausaufgaben	interkulturelle LK
Übung 1 CD 56	Die Abbildung (Nina u. Urs, siehe Ü 2) verdeutlicht die Konstellation: Verspätung bei einer gemeinsamen Aktivität, Nachfrage und Erklärung im Umfang des Musterdialogs. Partnerarbeit: KT wählen – ein Ereignis (Film, Oper ...) – einen Zeitpunkt des Beginns – den gegenwärtigen Zeitpunkt	**A**: *um ... Uhr* ist aus den Lektionen 2 und 3 bekannt. Ü 1 hat *in zehn Minuten / zwei Stunden* ... (zukünftiger Zeitpunkt) eingeführt. (Siehe auch „Wichtige Wörter und Wendungen", S. 81)	
Übung 2 CD 57 CD AB 34 CD AB 35	Der Dialog knüpft an die Abbildung und die Redekonstellation von Ü 1 an. KT tragen die Lösungen der Teile **a)** – **c)** zusammenhängend vor (dem Partner, eine Arbeitsgruppe der anderen, ein KT dem Plenum). L achtet auf die korrekte Nennung der Uhrzeiten. Die Grammatikübersicht S. 81, 1, stellt formelle und informelle Uhrzeit gegenüber.	Hier geht es um die Transformation von formeller in die informelle Zeitangabe, in **B** schriftlich und **C** mündlich. Das kann Ü 2 abschließen. **D** semantisiert die Adverbien *frühestens – spätestens.*	Welche Beziehung Nina – Urs legt ihr Umgangston nahe: – Freunde? – Liebespaar? – Kollegen? – Ehepartner? – ...?
Übung 3 CD 58	KT halten sich eng an das Äußerungsmuster. Der Dialog auf CD kann helfen, den Ablauf einzuschleifen. Bei Bedarf benutzen die KT die Stichworte rechts. Anfangs ist das Tempo langsam mit Schwerpunkt auf Richtigkeit. Das Tempo nimmt allmählich zu. Die Übung endet mit eigenen Beispielen. → Gr. S. 81, 2: Konjugation *müssen,* hier nur im Singular	**E**: **a)** KT erarbeiten die Regel: *st/sp* – im Anlaut: wie *sch* – im In-/Auslaut: wie *ss.* **b)** Sie lesen die Wörter laut. **F**: Unterscheidung von *schon* und *erst* (vgl. S. 81) Die Einsetzübung **G** klärt den Gebrauch von *können* und *müssen* besser als Erläuterungen.	
Übung 4	**a)** KT übermitteln Ninas SMS-Nachricht an Dritte. **b)** KT schreiben Nina eine Antwort.		
Übung 5	In der Anwendungsübung besprechen Dreiergruppen die Tagesplanung. L lässt zwei oder drei Beispiele des Gesprächsverlaufs im Plenum durchspielen. Im Übungsverlauf lösen sich KT von den Vorgaben. Eventuell Vortrag des Plans.	**H** bietet einen zusätzlichen Anstoß für die Gruppenarbeit im Unterricht; sonst als Hausaufgabe.	Der Ablauf eines Tages

TRANSKRIPT LEKTION

Übung 2

- ● Wo bleibst du denn? Wir haben nur noch eine Viertelstunde Zeit. Der Film beginnt um acht.
- ■ Wie spät ist es denn jetzt?
- ● Na, Viertel nach sieben.
- ■ Was, schon so spät? Du, das schaffe ich nicht. Ich habe noch zehn Minuten im Labor zu tun. Ich kann hier frühestens um halb acht, zwanzig vor acht weg. Dann sind wir erst um zehn nach acht am Kino.
- ● Na gut, du musst ja nicht kommen. Dann gehe ich eben allein. Bleib doch in deinem Labor!
- ■ Nina, nicht böse sein! Es tut mir leid! Ich habe eine Idee: Wir gehen morgen ins Kino und heute Abend ...
- ● Morgen kann ich nicht! Morgen will ich nicht zu spät ins Bett gehen. Übermorgen muss ich früh aufstehen.
- ■ Und übermorgen Abend? Kannst du da?
- ● Ja, übermorgen geht es.
- ■ Na siehst du! ... Äh, nein, entschuldige, übermorgen kann ich doch nicht. Ich muss nach Luzern und komme erst spät zurück.
- ● Dann gehe ich eben mit Jürg, der kann bestimmt.
- ■ Nina! Bleib ruhig! Geht es nicht vielleicht doch morgen? Wir können in die 6-Uhr-Vorstellung gehen. Dann bist du früh genug im Bett!
- ● Mmm, na ja, vielleicht ... also gut, morgen.
- ■ Prima. Und heute gehen wir essen und dann noch eine Stunde ins Exquisit. Wartest du bitte im Theater-Café? Ich bin um Viertel nach acht da.
- ● Also in einer Stunde. Aber spätestens!!
- ■ Ja, klar. Versprochen! Bis gleich.

TRANSKRIPT ÜBUNGEN

Übung C a)

- ● Achtung, auf Gleis 5 fährt der ICE nach Zürich ein, planmäßige Ankunft 10.45 Uhr.
- ■ Wann kommt der ICE an?
- ▲ Um zehn Uhr fünfundvierzig.
- ● Achtung, auf Gleis 7 fährt der Regionalexpress nach Göttingen ein, planmäßige Ankunft 9.05 Uhr.
- ■ Wann kommt der Regionalexpress an?
- ▲ Um neun Uhr fünf.
- ● Achtung, auf Gleis 11 fährt der Intercity von Zürich nach Wien ein, planmäßige Ankunft 10.20 Uhr.
- ■ Wann kommt der Intercity an?
- ▲ Um zehn Uhr zwanzig.
- ● Achtung, auf Gleis 1 fährt die Regionalbahn nach Bielefeld ein, planmäßige Ankunft 13.50 Uhr.
- ■ Wann kommt die Regionalbahn an?
- ▲ Um dreizehn Uhr fünfzig.
- ● Achtung, auf Gleis 2 fährt die S-Bahn Richtung Frankfurt Flughafen ein, planmäßige Ankunft 14.55 Uhr.
- ■ Wann kommt die S-Bahn an?
- ▲ Um vierzehn Uhr fünfundfünfzig.
- ● Achtung, auf Gleis 16 fährt der ICE nach Leipzig ein, planmäßige Ankunft 16.15 Uhr.
- ■ Wann kommt der ICE an?
- ▲ Um sechzehn Uhr fünfzehn.
- ● Achtung, auf Gleis 11 fährt der EC von Zürich nach Mailand ein, planmäßige Ankunft 22.10 Uhr.
- ■ Wann kommt der EC an?
- ▲ Um zweiundzwanzig Uhr zehn.

Übung C b)

- ● Die Ankunft ist um zehn Uhr fünfundvierzig.
- ■ Also um Viertel vor elf.
- ● Die Ankunft ist um neun Uhr fünf.
- ■ Also um fünf nach neun.
- ● Die Ankunft ist um zehn Uhr zwanzig.
- ■ Also um zwanzig nach zehn.
- ● Die Ankunft ist um dreizehn Uhr fünfzig.
- ■ Also um zehn vor zwei.
- ● Die Ankunft ist um vierzehn Uhr fünfundfünfzig.
- ■ Also um fünf vor drei.
- ● Die Ankunft ist um sechzehn Uhr fünfzehn.
- ■ Also um Viertel nach vier.
- ● Die Ankunft ist um zweiundzwanzig Uhr zehn.
- ■ Also um zehn nach zehn.

LÖSUNGEN LEKTION

Übung 2

a) Sie möchten ins Kino gehen. Es ist schon spät. / Urs ist noch nicht da.
b) 1 Viertel nach sieben; 2 acht; 3 zehn Minuten; 4 halb acht, zwanzig vor acht; 5 zehn nach acht; 6 einer Stunde
c) Nina: Sie will heute ins Kino gehen. Morgen kann sie nicht ins Kino gehen. Sie will nicht zu spät ins Bett gehen. Sie muss übermorgen früh aufstehen. Übermorgen kann sie ins Kino gehen. Urs: Er will morgen ins Kino / in die 6-Uhr-Vorstellung gehen. Er kann übermorgen nicht. Er muss nach Luzern. Er will spätestens in einer Stunde da sein. Er will und kann mit Nina essen gehen.

Übung 3

Lösungsbeispiel: Wann hast du Zeit für den Spaziergang? – Ich kann schon um Viertel vor zehn. Und wann kannst du? – Ich kann um Viertel nach zehn. Ich muss vorher noch in die Bibliothek. Und wann kann Rolf? – Rolf sagt, er kann erst um halb elf. Er muss vorher noch zum Arzt. – Also dann um halb elf.

Übung 4
Lösungsbeispiele:
a) Nina kann heute erst um Viertel vor sieben Tennis spielen. Sie muss zum Arzt.
b) Hallo Nina, um Viertel vor sieben kann ich nicht (Tennis spielen). Um halb acht habe ich meinen Computerkurs. Aber morgen um sechs kann ich. Kannst du morgen auch? – Gruß ...

IM BERUF

Datum: *der elfte, einundzwanzigste, ...; am elften, einundzwanzigsten; Monatsnamen* – *Modalverben können, müssen, wollen* (*wir, ihr, sie/Sie*), Satzklammer: *Wir müssen den Auftrag auf ... verschieben.* – Termine einhalten, absagen, verschieben, delegieren, Aufgaben übernehmen

	Lektion	**Übungen/Hausaufgaben**	**interkulturelle LK**
Übung 6 CD 59	Die Abbildung verdeutlicht Termin- und Arbeitsdruck. Mithilfe der Redemittel besprechen KT Möglichkeiten zur Entspannung und Verbesserung der Planung.	**I** hat zwei Lernanliegen: – Semantisierung von *absagen, einhalten* usw. – die Satzklammer mit Modalverb + Infinitiv	
Übung 7	Zeitvorgabe für **a)**: 5 Minuten; **b)** – **d)** versetzt KT in Sprechnot, die mit einem ersten Blick auf die Bildung des Datums auf S. 79 gemildert werden kann. **e)** greift die Situation aus Ü 1 auf und bereitet den Hörtext Ü 8 vor. Daten mit Lösungsvorschlägen an der Tafel festhalten!	**J** erweitert und vertieft die Lernanliegen von Übung **I** (Bedeutung der Verben und Satzklammer).	
Übung 8 CD 60 CD AB 36 CD AB 37	Das verlangte Detailverstehen ist durch Ü 7 vorbereitet. Dennoch müssen die KT den Dialog vielleicht mehrfach, bei Bedarf auch abschnittsweise hören. Achtung: Ergebnisse mit den Lösungsvorschlägen Ü 7e) vergleichen und für Ü 10 sichern!	**K**: Sprechübung: Sätze mit Modalverb + Infinitiv; evtl. Vorlauf ohne CD anhand des Transkripts **L**: Aussprache: Umlaute; Lesen – Hören – Nachsprechen	Termintreue, Termineinhaltung, Terminüberschreitung
Übung 9 CD AB 38	KT fragen und antworten anhand der Vorgaben und des Kalenders. KL achtet auf korrekte Form der Datumsangabe, ohne aber in die Verzweigungen der Adjektivdeklination einzusteigen (siehe auch Grammatik, Lektion 7) und auf die korrekte Wortstellung (Satzklammer – wieder thematisiert in den Lektionen 9 und 10).	**M**: Versprachlichung von Einträgen in den Terminkalender, Datumsangaben **N**: Sprechübung zur Datumsangabe. Das Einüben der Satzklammer verteilt sich auf die Übungen **I**, **J**, **K**, **M**.	
Übung 10	KT arbeiten in Gruppen oder gemeinsam an der Tafel. Alle Angaben ergeben sich aus den Übungen, Seite 78/79. Bei Bedarf Hörtext Ü 8 noch einmal hören.	Kreuzworträtsel **O**: Wortschatzübung	

TRANSKRIPT LEKTION

Übung 8

- ● Also, Herr Kehl, heute ist Mittwoch, der 9. Juni. Der alte Liefertermin ist, warten Sie mal, der 27. Mai. Sie wollen die Sache auf KW 25 verschieben. Das ist dann frühestens der 21. oder 22., spätestens sogar der 25. Juni. Vom 27. Mai bis zum 25. Juni – das sind vier Wochen! Das geht nicht. Nein, nein, wir müssen spätestens nächste Woche liefern, also in KW 24. Am besten gleich am vierzehnten, aber spätestens am sechzehnten. Spätestens!! Das müssen wir organisieren. Und das ist ja auch nicht schwer. Sie haben selbst gesagt, Sie können das Servicetraining vom 11. bis zum 13. absagen. Das müssen Sie also auf September verschieben. Den Wartungsauftrag am vierzehnten in Leipzig muss unser Dresdener Servicepartner übernehmen. Und Sie brauchen noch einen Mitarbeiter. Herr Peters kann ab morgen zu Ihnen in den Kundendienst kommen. Der übernimmt die Aufgaben von Frau Kunz. Wie lange ist sie denn noch krank?
- ■ Bis zum Wochenende, sagt sie.
- ● Dann kann sie also am 14. wieder arbeiten. Na, bis dahin ist die Sache hoffentlich erledigt. Aber vielleicht kann sie doch noch helfen. Ist das so in Ordnung, Herr Kehl?
- ■ Ja, so geht es. Vielen Dank für die Hilfe, Herr Meier.

TRANSKRIPT ÜBUNGEN

Übung K

- ● Den Termin einhalten? Das geht nicht.
- ■ Doch, wir müssen den Termin einhalten.
- ● Den Besuch absagen? Das geht nicht.
- ■ Doch, wir müssen den Besuch absagen.
- ● Den Auftrag delegieren? Das geht nicht.
- ■ Doch, wir müssen den Auftrag delegieren.
- ● Den Zug nehmen? Das geht nicht.
- ■ Doch, wir müssen den Zug nehmen.
- ● Das Gerät heute liefern? Das geht nicht.
- ■ Doch, wir müssen das Gerät heute liefern.
- ● Per E-Mail bestellen? Das geht nicht.
- ■ Doch, wir müssen per E-Mail bestellen.
- ● Nach Brüssel fahren? Das geht nicht.
- ■ Doch, wir müssen nach Brüssel fahren.
- ● Die Lieferung verschieben? Das geht nicht.
- ■ Doch, wir müssen die Lieferung verschieben.

Übung L b)

Wir möchten das Gerät spätestens um fünf.
Sie müssen über die Brücke gehen.
Sören Bläser löst das Problem im Büro.
Nach Köln, nach Zürich und nach Brüssel.
Ich hätte gern Gemüse, Äpfel und Käse.

Übung N

- ● Machen wir das am neunten?
- ■ Nein, am zehnten.
- ● Fahren wir am elften?
- ■ Nein, am zwölften.
- ● Ist die Besprechung am zwanzigsten?
- ■ Nein, am einundzwanzigsten.
- ● Kommt der Besuch am zweiten?
- ■ Nein, am dritten.
- ● Ist das Konzert am dreizehnten?
- ■ Nein, am vierzehnten.
- ● Besichtigen wir die Wohnung am neunundzwanzigsten?
- ■ Nein, am dreißigsten.
- ● Verschieben wir den Termin auf den neunzehnten?
- ■ Nein, auf den zwanzigsten.
- ● Besuchen wir Carla am einunddreißigsten?
- ■ Nein, am ersten.

LÖSUNGEN LEKTION

Übung 6

Lösungsbeispiel Dienstag: Die Servicearbeiten kann man verschieben. Den Termin für die Abteilungskonferenz müssen wir einhalten. Die Angebote kann man am Mittwoch schreiben.

Übung 7

a) 1 Telefonnotiz, 2 E-Mail an Herrn Maier, 3 SMS, 4 Notizzettel „Frau Kunz ist krank"
b) 9. Juni
c) am Freitag, dem 11.06.
d) Er erledigt zuerst den Wartungsauftrag und dann den Auftrag Knoll; in KW 25
e) Lösungsbeispiele: Frau Kunz ist krank. Ein anderer Kollege muss den Auftrag übernehmen. / Herr Kehl muss das Training in Leipzig absagen. / Man muss den Wartungsauftrag in Leipzig delegieren.

Übung 8

2 21. bis 25. Juni; 3 16. Juni; 4 11.–13. Juni; 5 14. Juni; 6 10. Juni; 7 Wochenende / 11. Juni (Freitag, letzter Tag der Arbeitswoche KW 23), 14. Juni

Übung 9

siehe Lösungsbeispiel im Kursbuch

Übung 10

KW 22, 27. Mai: alter Liefertermin – KW 23, 10. Juni: Herr Peters hilft im Kundendienst – 11. Juni: Training auf September verschieben – 14.06.: Servicepartner übernimmt Wartungsauftrag, Lieferung frühestens – 16.06.: Lieferung spätestens 21./22.: Lieferung Planung Kehl frühestens

MAGAZIN

Dienstreise organisieren – Termine und Verabredungen vereinbaren, verschieben, absagen – Ablauf rekonstruieren

	Lektion	Übungen/Hausaufgaben	interkulturelle LK
Übung 11	gleicher Übungstyp wie Ü 7, Seite 78; empfohlene Arbeitsweise: Gruppenarbeit. Um die Texte in ihrer Abfolge nummerieren zu können, eignen sich KT den Inhalt der Nachrichten an, sodass sie den Ablauf in einem zweiten Schritt vortragen können. (*Am 18.11. bestätigt Herr Günther ... Am 25. 11. fährt er zu ... Aber ...*)		Verlässlichkeit von Terminvereinbarungen, Lage auf den Straßen und Autobahnen in Mitteleuropa, Präferenzen bei der Wahl der Verkehrsmittel (siehe auch Lektion 5: Argumente für und gegen Auto, Flugzeug, Bahn, Bus ...)
Übung 12 CD 61	Der Bericht von Irene Günther an ihre Freundin Christine Gühring weicht etwas ab. (Die Verpflichtungen ihres Mannes in Wismar erwähnt sie nicht). Das können Sie zu einem Vergleich Hörtext – Lesetexte nutzen.		Welches Verkehrsmittel ist vernünftig? Ist die Kritik von Irene Gühring vernünftig?

TRANSKRIPT

Übung 12

- ● Grüß dich Christine, hier ist Irene. Also, du weißt ja schon, Hans ist heute Abend nicht da.
- ■ Ja, ich weiß Bescheid. Danke für deine Nachricht.
- ● Hans bittet um Entschuldigung. Aber ich glaube, es ist sein Fehler. Ich meine, er plant nicht gut. Ich sage ihm immer, er soll nicht so <u>viel</u> planen. Und er soll nicht immer mit dem Auto fahren. Nimm den Zug, sage ich, dann hast du keine Probleme mit dem Autoverkehr. Aber er – er meint, mit dem Auto ist er schnell und flexibel.
- ■ Was ist denn passiert?
- ● Na, wie immer: Heute Morgen um sechs fährt er los – er will ja um zehn in Rostock sein. Aber um zehn steht er immer noch auf der Autobahn im Stau. Also informiert er den Kunden und will das Gespräch auf zwölf verschieben. Aber es geht erst wieder um drei oder vier. Und jetzt sagt er, ich komme heute nicht mehr nach Hause. Er bleibt einfach in Wismar. Da will er sich wohl einen schönen Abend machen. Na, egal, jedenfalls sitzt er jetzt in Wismar und nicht gemütlich bei euch. Na, sein Fehler. Aber ich komme!
- ■ Ach, weißt du Irene, das muss nicht heute sein. Wir können das auch verschieben. Der gute Hans geht um sechs Uhr früh aus dem Haus, fährt acht Stunden Auto, hat Gespräche und jetzt auch noch Stau und Terminverschiebungen und, und, und. Ich glaube, unsere Planung ist nicht gut – das ist alles zu viel, auch ohne Stau, ohne Verspätung und schlechtes Wetter. Weißt du was, du kommst zu uns, wir trinken etwas und das Abendessen verschieben wir aufs Wochenende. Was meinst du?
- ● Gute Idee. Einverstanden! Und was sagt Theo?
- ■ Du kennst doch Theo. Was sagt Theo immer?
- ● „Ja."
- ■ Genau!
- ▲ Jaaa!

LÖSUNGEN

Übung 11

Reihenfolge: 2 Telefax 18.11. – 3 Telefonnotiz AGME – 4 SMS Haller – 5 Anruf bei Frau Dahm, Protex – 6/7 E-Mail Zimmerreservierung / SMS an Irene Günther – 8 handschriftliche Nachricht an Christine Gühring

Übung 12

Vereinbarung Irene Günther und Christiane Gühring: Irene kommt bei Gührings vorbei, das Abendessen verschieben sie aufs Wochenende.

Name: ____________________ **Kurs:** __________

HÖREN

Lesen Sie die Aussagen 1–8. Hören Sie dann den Dialog im Kursbuch auf Seite 68, Übung 6 (CD 54), zweimal. Kreuzen Sie A, B oder C an.

0 Raum 0-26 ist
- [X] im Erdgeschoss.
- B in der 1. Etage.
- C in der 2. Etage.

1 Edith Lavalle
- A kommt von der Weidrich AG.
- B besucht die Weidrich AG.
- C ist Mitarbeiterin bei Sperling.

2 Die Mitarbeiterin am Empfang
- A schickt keine Person zu Herrn Meier.
- B schickt eine Person zu Herrn Meier.
- C schickt zwei Personen zu Herrn Meier.

3 Sie fragt die Besucherin
- A gar nicht.
- B genau.
- C nicht genau.

4 Herr Hader hat einen Termin
- A im Labor.
- B im Vertrieb.
- C in der Projektabteilung.

5 Bei Firma Sperling gibt es:
- A Herrn Maier, Herrn Meier und Herrn Mayer.
- B einen Herrn Mayer und einen Herrn Maier.
- C nur einen Herrn Meier.

6 Raum 3-14 ist
- A im Erdgeschoss links.
- B in der 3. Etage rechts.
- C in der 3. Etage links.

7 Ein Mitarbeiter geht mit Edith Lavalle
- A ins Erdgeschoss.
- B in die dritte Etage.
- C in die vierte Etage.

8 Herr Maier arbeitet
- A im Vertrieb.
- B in Zimmer 3-14.
- C heute nicht.

Punkte: 1,25 x 8 = _____/10

LESEN

Lesen Sie die Aussagen 1–8. Was steht im Text? Kreuzen Sie A, B oder C an.

	A	B	C
0 im Hotel:	A eine Nacht	[X] zwei Nächte	C drei Nächte
1 Nachricht:	A von Istvan Szekely	B von Elisabeth Hübner	C an Istvan Szekely
2 Thema:	A Abschied von Frau Hübner	B Besuch in Frankfurt	C Fahrt nach Hamburg
3 Ankunftstag:	A 14.07.	B 21.07.	C 23.07.
4 Ankunftszeit:	A Viertel vor acht am Morgen	B Viertel nach acht am Abend	C Viertel vor acht am Abend
5 Vorschlag:	A Treffen im Hotel	B Freunde treffen	C ein Konzert besuchen
6 Pläne:	A nur dienstliche	B dienstliche und private	C nur private
7 Freitag:	A die Gespräche vorbereiten	B nach Hamburg fahren	C ein Konzert besuchen
8 Abfahrt:	A Freitag, Zeit noch unsicher	B Freitag Mittag	C Freitag Morgen

Neue E-Mail

Senden Chat Anhang Adressen Schriften Farben Als Entwurf sichern

Von: Istvan Szekely
Datum: 14.07.08 14.32
An: Elisabeth Huebner

Signatur: Signatur 1

Sehr geehrte Frau Hübner,

in einer Woche komme ich nach Frankfurt. Ich möchte um 19.45 mit dem Zug aus Budapest ankommen. Können Sie (oder ein Kollege) zum Bahnhof kommen? Oder Sie kommen direkt ins Hotel. Vielleicht können wir zusammen etwas essen und die Gespräche für den nächsten Tag vorbereiten. Ich bleibe dann noch eine Nacht in Frankfurt und besuche mit Freunden ein Konzert. Am Freitag, 23.07., fahre ich weiter nach Hamburg. Die Fahrt nach Hamburg dauert nicht lange. Wir können also am Vormittag noch einmal zusammenkommen. Aber das muss vielleicht nicht sein. Das können wir dann noch sehen.

Mit freundlichen Grüßen aus Budapest

Punkte: 1,25 x 8 = _____/10

Alltag, Beruf & Co. 1, Lehrerhandbuch, ISBN 978-3-19-141590-7, © Hueber Verlag 2009

Zwischentest 4

SCHREIBEN

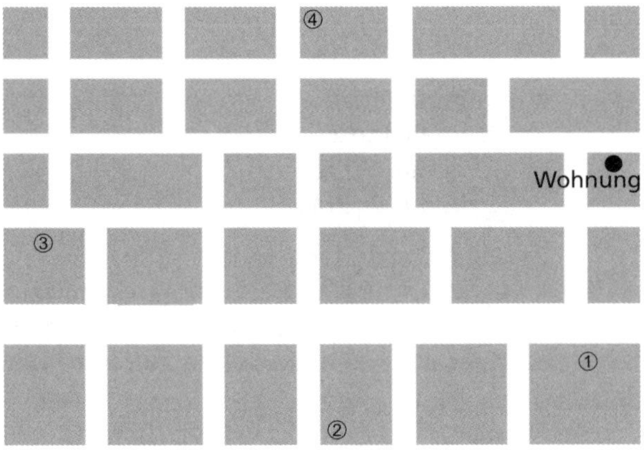

Ein Freund / Eine Freundin besucht Sie.
Er/Sie möchte

- zum Supermarkt ①
- zur Post ②
- zur Bank ③
- zum Bahnhof ④
- und wieder zurück nach Hause.

Beschreiben Sie den Weg.

Du gehst aus der Wohnung und dann links. Dann ______________________________

____

____

____

____

____

Punkte: 5 x 2 = ____/10

GRAMMATIK

Schreiben Sie die Zahlen, Preise und Zeitangaben.

0	5 Euro	fünf ________ Euro
1	die 3. Straße links	die ________ Straße links
2	8.12 Uhr	________________
3	1 Stunde	________ Stunde
4	9,10 €	________________
5	in der 7. Etage	in der ________ Etage
6	um 20.30 Uhr	um halb ________
7	12.15 Uhr	________ nach ________
8	Heute ist der 16. Juli.	Heute ist der ____________ Juli.
9	in die 7. Etage	in die ________ Etage
10	am 25.12.	am ________________________

Punkte: ____/10

WORTSCHATZ

Schreiben Sie die passenden Wörter in die Lücken.

0 Wie geht es? – Danke, gut ________ .
1 Heute ist Dienstag, übermorgen ist also ____________.
2 Gehen Sie nicht links und nicht rechts, gehen Sie ____________.
3 Im August geht es nicht, aber im nächsten ____________, also im September, geht es.
4 ____________, ich habe eine Frage. Wie komme ich zum Bahnhof?
5 Ist hier noch frei? – Nein, hier ist leider schon ____________.
6 Was sind Sie ____________? – Ich bin Lehrerin.
7 ____________ kommen Sie? – Ich komme aus Spanien.
8 Heute trinken wir zum Abendessen eine ____________ Wein.
9 Sie haben 15 Minuten Pause. – Was, nur eine ____________ Stunde?
10 Ich muss in die 10. Etage? Dann nehme ich lieber den ____________ und nicht die Treppe.

Punkte: ____/10

Ergebnis: ____ Punkte x 2 = ______/100

Alltag, Beruf & Co. 1, Lehrerhandbuch, ISBN 978-3-19-141590-7, © Hueber Verlag 2009

LEKTION 9: WAS NEHMEN WIR? WAS KAUFEN WIR? WAS BUCHEN WIR?

Die Fremdperspektive

Die landläufigen Begriffe Kulturkontrastivität, Interkulturalität, Kulturvergleich erheben einen Anspruch und erwecken Erwartungen, die mit einem Sprachlehrwerk, zumal auf der Anfängerstufe, nicht erfüllbar sind. Wir behaupten redlicherweise nicht, dass wir zusätzlich zu der bewältigten sprachlichen Lernstrecke auch noch Kulturen darstellen oder gar einander gegenüberstellen. Wir belassen es daher bei dem Begriff Fremdperspektive, der nicht ganz ohne Inhalte auskommt, auch nicht ohne Wissensinhalte. Aber wichtiger sind uns die Sehweisen.

Fremdperspektive in *AB&C* zeigt Annäherungswege an die Wirklichkeit in der Zielkultur auf. Dabei kommen ein paar Fakten ins Blickfeld, die dem Lerner vielleicht auffallen, die ihm vielleicht kennzeichnend für die Zielkultur vorkommen – in Übereinstimmung mit seinem Erfahrungshintergrund oder im Unterschied zu ihm, aber meist in Übereinstimmung –, die er vielleicht einordnet, verallgemeinert, bewertet. Verallgemeinerung ist ja das trügerische und fast zwanghafte Allheilmittel gegen alle eingebildeten oder tatsächlichen Risiken, die der Begegnung mit der fremden Kultur innewohnen. Andererseits rechnen wir damit, dass in unserer globalisierten Welt, in der sich Kulturen annähern und nivellieren, das aufgeklärte Vorverständnis für das Andere wächst und dass dieses Andere mit voranschreitender Globalisierung von seiner Fremdheit vieles einbüßt.

AB&C verallgemeinert nicht, bewertet nicht und fordert auch nicht dazu auf. *AB&C* geht von Einzelbeobachtungen auf der Graswurzelebene aus, weckt im Lerner die Neugier auf mehr und anderes, überlässt ihm die Einordnung und – wenn er will – die Bewertung. *AB&C* lockert nicht den Unterricht mit einer Seite oder einer Übung Interkulturalität auf, sondern verfolgt das Konzept, den Unterricht von Block zu Block aus der Sicht und Erfahrung der Lerner zu eröffnen und zu beschließen (vgl. Exkurs zu Lektion 1). Der eine oder andere thematische Zusammenhang wird mit einer Schlüsselfrage für die Fremdperspektive freigegeben. Die Lerner nehmen das Heft in die Hand, das der Lehrer ihnen überlässt. Mehr ist es nicht, aber auch nicht weniger.

Das Magazin (vgl. Exkurs zu Lektion 6, Seite 45) vollzieht vom Ansatz her einen Perspektivenwechsel und lässt einen Ausschnitt aus der Thematik der beiden vorangegangenen Blöcke in einem neuen, meist verfremdeten Licht erscheinen: aus der Fremdperspektive.

Lektion 1: Meeting-Point
Lektion 2: 10-Minuten-Takt ... Gibt es das?
Lektion 3: Wann? Wie lange?
Lektion 4: (Un)pünktlich zum Essen?
Lektion 5: Das Navi. Technik ist alles.
Lektion 6: Käufertypen
Lektion 7: Wo bist du?
Lektion 8: Regen, Stau, Verspätung
Lektion 9: Maschinen?
Lektion 10: Feiern

Werfen wir einen etwas eingehenderen Blick auf das Magazin von Lektion 9. Die meisten „Maschinen" sind auf den ersten Blick keine wirklichen Maschinen. Eigentlich. Aber auf den zweiten Blick? Die Wohnmaschine lädt über die Frage: „Gibt es denn das überhaupt?" zum Vergleich der Wohnformen ein. Ja. Nein. Ja, aber Maschinen sind praktisch. Wenn ja, wo? Vielleicht kommt die Frage auf, ob es das geben *sollte* und ob das gut oder schlecht ist. Jetzt sind wir vielleicht bei der Bewertung angelangt. Aber sie kommt nicht vom Lehrer, und der Lehrer soll sich hüten, die aufgeworfene Frage zu beantworten.

Der abschließende Hörtext ist nicht ernst gemeint. Oder doch? Die Lerner werden es Ihnen sagen. Oder auch nicht. Dann sollten Sie nicht insistieren. Vielleicht lässt die abschließende Frage, ob Herr Schulze eine Arbeitsmaschine sei, die Diskussion erneut aufflackern. Vielleicht.

In den Unterrichtsplänen gibt es eine eigene Spalte für Hinweise zur Fremdperspektive. Der wichtigste Hinweis aber steht nicht in dieser Spalte. Er lautet: Holen Sie die Lerner in ihrer (nicht Ihrer!) Wirklichkeit durch die Durchnahme der ersten Übung einer jeden Doppelseite ab und entlassen Sie sie ebenso dorthin mit der letzten oder den beiden letzten Übungen einer jeden Doppelseite.

Lektion 9

Durchnahmevorschläge, Transkripte, Lösungen

IM ALLTAG

Kleidungsstücke – Farben – Berufskleidung und die dazugehörigen Berufe – *passen/stehen/gefallen* + Dativ – *wissen, weiß* – *tragen, trägt* – Personalpronomen im Dativ

	Lektion	Übungen/Hausaufgaben	interkulturelle LK
Übung 1 Bilder mitbringen CD 62	KT rufen ihre Äußerungen in die Klasse. Im weiteren Verlauf behutsam zu einer geordneten Abfolge übergehen: Kleidungsstücke, Farben.	**A:** Zweifelsfälle auf sich beruhen lassen. KT können als Hausaufgabe im Internet recherchieren.	In gemischten Klassen Nationalfarben nennen. Symbolische Bedeutung der Farben: z.B. Trauer, Freude, Gefahr ...
Übung 2 CD 63–65	Die Antworten auf **c)** sind nicht eindeutig und sollen Anlass für eine Diskussion sein.	**B** sichert den Hörtext ab. **C** übt semantisch ähnliche Verben ein, die mit Sicherheit Interferenzrisiken enthalten. L soll weder versuchen, die Verben definitorisch voneinander abzugrenzen noch Übersetzungen anbieten.	
Übung 3	Falls die Dativpronomen nicht flüssig und richtig kommen, Übung schreiben lassen und einen weiteren mündlichen Durchgang nachschicken.		Wie viel Zeit und Geduld wenden Sie für den Kauf von Kleidung auf?
Übung 4 CD AB 39	Die grammatischen Lernziele (*tragen – trägt* + Akkusativ) werden mit den inhaltlich-lexikalischen zusammengeführt (Berufskleidung, Beruf). Dies geschieht im Hinblick auf die abschließende Anwendungsaufgabe.	**D**: **a)** zunächst in Partnerarbeit mündlich, dann schriftlich machen. **b)** ist die Lernerfolgskontrolle für **a)**. **E** greift zum Abschluss die Farbbezeichnungen auf.	
Übung 5 CD AB 40	Die Sprechanteile der KT erhöhen sich dadurch, dass diese nur ausnahmsweise dem Plenum, sondern in der Regel anderen KT berichten.	**F** wiederholt das Personalpronomen im Dativ. **G** nach einem beispielhaften Durchlauf als Hausaufgabe stellen.	Frage: Welche Berufskleidung in welchen Farben gibt es in den Ländern der KT? Nationaltrachten beschreiben.

TRANSKRIPT LEKTION

Übung 2 a)

- ● Ach Entschuldigung. Wo gibt es hier Hosen?
- ■ Für die Dame oder für den Herrn?
- ● Für beide.
- ■ Damenbekleidung, erste Etage. Herrenbekleidung, zweite Etage. Sehen Sie, da auf dem Schild, da steht es.
- ● Ah ja, vielen Dank.
- ▲ Vielen Dank. Dann wollen wir erst mal zur Herrenabteilung gehen. Bei dir geht es bestimmt schnell. Bei mir kann es etwas dauern.

b)

- ▼ Und? Wie gefällt Ihnen die Hose? Passt sie Ihnen?
- ● Sie passt mir gut. Aber ich finde, die Farbe steht mir nicht. Grün steht mir nicht. Gibt es die Hose auch in Braun oder Blau?
- ▲ Was kostet die Hose?
- ▼ Neunundvierzig Euro neunzig. Das ist ein Sonderangebot. Zu dem Preis habe ich sie nur noch in Dunkelgrün.

▲ Du, Habib, der Preis ist interessant. Und die Qualität ist gut.
● Aber die Farbe steht mir nicht. Dunkelgrün, das ist etwas für alte Herren. Nein, die Hose gefällt mir nicht.
▲ Ich weiß nicht, was du willst. Mir gefällt sie gut. Das ist eine sehr gute Qualität, klassisch, elegant.

c)
● Irina, das sind Pullover! Du suchst doch eine Hose.
▲ Stimmt. Ich suche eine Hose. Aber vielleicht finde ich einen Pullover.
● Gut. Du suchst also eine Hose. Willst du auch eine?
▲ Ja, natürlich.
● Kaufst du auch eine?
▲ Du, das weiß ich noch nicht.
● Das weißt du immer noch nicht?! Wir sind schon eine Stunde hier.
▲ Fünfundfünzig Minuten. Genau fünfundfünfzig Minuten sind wir hier. Fünfzig Minuten für deine Hose und fünf Minuten für meinen Pullover.
● Einverstanden. Aber bitte, was willst du jetzt kaufen?
▲ Eine Hose ... vielleicht.
● Also, du willst keinen Pullover kaufen.
▲ Das weiß ich noch nicht.
● Was? Du weißt nicht, was du willst!?
▲ Nein, Habib, so ist es nicht. Ich suche eine Hose und hätte vielleicht auch gern einen Pullover. Aber es gibt viele Kleidergeschäfte und viele Hosen und viele Pullover.
● Du, jetzt sind wir aber schon eine Stunde und fünf Minuten hier.
▲ Ja, und ich suche eine hübsche Hose und vielleicht auch einen Pullover. Und du? Zuerst willst du eine Hose. Dann willst du keine Hose. Du weißt nicht, was du willst, lieber Habib.
● Halt! Ich weiß genau, was ich will. Aber die dunkelgrüne Hose will ich nicht. Die ist etwas für ältere Herren.

TRANSKRIPT ÜBUNGEN

Übung D b)
● Was trägt die dritte Person von rechts?
■ Einen Arbeitsanzug.
● Was trägt der Polizist?
■ Eine Uniform.
● Was tragen der Mann und die Frau ganz rechts?
■ Einen Schal.
● Was trägt das Kind?
■ Eine Uhr.
● Was trägt die zweite Dame von links?
■ Einen Rock.
● Was tragen der Mann und die Frau ganz links?
■ Einen Hut.
● Was trägt die dritte Frau von rechts?
■ Eine Bluse.

Übung G a)
Frau Korb sagt, Sie haben täglich abends am Prüfstand Dienst.
Sie sollen deshalb am Montag und am Dienstag einen Arbeitsanzug tragen.
Das gelbe Hemd ist groß genug. Was glaubst du?

LÖSUNGEN LEKTION

Übung 2
a) 1 im Kaufhaus; 2 Hosen; 3 in die zweite Etage; 4 beide
b) 2 Ja. Das sagt Habib. 3 Nein. 4 Nein. 5 Ja. Das sagt die Verkäuferin. 6 Ja. Das sagt Habib.
c) 1 Sie will eine Hose und vielleicht einen Pullover. 2 Er will eine Hose; er will nicht die dunkelgrüne Hose. 3 Ja. 4 Noch nicht.

Übung 3
Irina denkt: ... steht ihm. Deshalb gefällt sie ihm/mir. – Habib denkt: ... passt mir. Und sie steht mir. – Irina sagt zu Habib: ... steht dir. Deshalb gefällt sie mir. – Irina sagt zu der Verkäuferin: ... passt ihm. Und die Farbe steht ihm. Deshalb gefällt sie mir. – Habib sagt zu Irina und zur Verkäuferin: ... die Farbe steht mir nicht. ... gefällt sie mir nicht.

Übung 4
1 Arzt; 2 Schornsteinfeger; 3 Zugbegleiterin; 4 Chemiearbeiter; 5 Labortechniker; 6 Kundendiensttechniker; 7 Architekt; 8 Polizist

IM BERUF

Termine planen – Kurs- und Warenangebote bewerten – eine ausgewogene Entscheidung treffen und vertreten – *sollen, soll – wissen, kennen, können – zu groß, nicht groß genug*

	Lektion	Übungen/Hausaufgaben	interkulturelle LK
Übung 6 Kurspro-spekte mit-bringen	Vorlieben, Wünsche, zeitliche Planung der KT auf Zuruf an der Tafel auflisten. KT können diese Angaben auch auf ein Blatt schreiben und einem Partner oder ausnahmsweise dem Plenum berichten.	**H** nimmt das Modalverb *sollen* auf und kann im Unterricht mündlich und zu Hause schriftlich gemacht werden.	Vergleich der betrieblichen, überbetrieblichen und außerbetrieblichen Fortbildungsangebote
Übung 7 CD 66	Ihre Antwort können KT in kleinen Arbeitsgruppen mithilfe der Textrealien in der Einstiegsabbildung überprüfen und präzisieren. Während der Arbeit zur Beantwortung der scheinbar einfachen HV-Frage kann der Hörtext in einer Endlosschleife laufen.	**I** bezieht sich auf den Hörtext von **Ü 7**, ist aber auch ohne dessen Kenntnis lösbar. **a)** eignet sich zur Vorentlastung und **b)** als Hausaufgabe.	
Übung 8 Evtl. andere Realien bereithalten	Natürlich kann L für diese Projektarbeit auch ein anderes Bildungs- und Warenangebot heranziehen, das besser zu den Interessen oder Berufsorientierungen der KT passt.	**J** können KT als weitere frei platzierbare Gruppenarbeit oder als Hausaufgabe erledigen. Mögliche Erweiterung: KT erfragen Bewertungen der anderen KT telefonisch, per E-Mail oder im Chat und berichten darüber im Unterricht.	
Übung 9	Das Verb *kennen* ist schon bekannt. In *Im Alltag* kommt *wissen* hinzu; in *Im Beruf* ist *können* neu. Diese drei Verben sind sehr schwer auseinanderzuhalten. Die Muttersprachen der KT bescheren noch zusätzlich Überschneidungen. L soll weder mit einer definitorischen Abgrenzung noch mit einer Übersetzung aufwarten. Die KT sollen durch diese und spätere Übungen in den Gebrauch dieser schwierigen Verben „hineinwachsen“.		Ein Vergleich mit der Muttersprache der KT dürfte eher Verwirrung schaffen als beseitigen. Im Wörterlernheft gibt es dazu aber eine weitere Übungsmöglichkeit.
Übung 10	Der relativ umfangreiche Text für die Aufgabenstellung enthält die Argumente. Natürlich können weitere Argumente der KT in die abschließende Präsentation der Entscheidung und ihrer Begründung einfließen.	**K** ist als Aufwärmaktivität für die zunächst stille Gruppenarbeit geeignet.	Wichtige Messen im Vergleich

TRANSKRIPT LEKTION

Übung 7

- ● Na ja, meine Herren, Sie wissen doch bis wann. Am 1. April sollen wir Outlook und Excel können. Also bis zum 1. April.
- ■ Gut, Frau Lauxen, dann nehme ich den Wochenend-Superintensiv-Kurs am 21. und 22. März.
- ▲ So spät? Ist Ihnen das nicht zu spät?
- ■ Ja, natürlich, Herr Bremer, das ist etwas spät, aber vorher habe ich wenig Zeit.
- ● Zwei Tage sind vielleicht zu wenig. Sind zwei Tage wirklich genug für Outlook und Excel? Und dann noch Samstag, Sonntag! Sehr unbequem!
- ■ Zwei Tage sind genug. Mehr Zeit habe ich nicht. Ich kann schon ganz gut Outlook und ein wenig Excel. Also, das geht.
- ▲ Ich finde den Wochenendkurs von Herrn Hildesheimer zu teuer. Zwei Tage 260 Euro. Das ist zu viel. Außerdem finde ich den Kurs sehr, sehr intensiv, ich möchte sagen: zu intensiv. Ich nehme lieber den Outlook-Kurs am 25. Februar und am 4. März.
- ● Am 4. März sind wir auf der Messe in Leipzig, Herr Bremer. In der Woche ist es schlecht.
- ▲ Ach so ja. Was mache ich denn da? Hhm. Ach, ich mache Outlook am 27. Februar und am 13. März, das sind zwei Freitage ...
- ■ Und Excel?
- ▲ Da nehme ich den Kleingruppen-Intensivkurs dreimal dienstags und samstags.
- ■ Welchen Kleingruppen-Intensivkurs?
- ▲ Na, den ... Moment, wie heißt er? Ah, da steht es: „Excel kompakt" für maximal vier Personen.
- ● Welchen, Herr Bremer? Beginn 13. Januar oder 10. Februar?
- ▲ 10. Februar.
- ● Und ich nehme „Word-Outlook-Excel perfekt kombinieren", am 3. und 5. März.
- ▲ Frau Lauxen, die Messe ...
- ● Ich fahre nicht zur Messe. Diesmal fährt Frau Rosenberger.

LÖSUNGEN LEKTION

Übung 7

Frau Lauxen: Word-Outlook-Excel perfekt kombinieren am 3. und 4. März
Herr Bremer: Outlook am 27. Februar und am 13. März; Excel-Kleingruppen-Intensivkurs, Beginn 10. Februar
Herr Hildesheimer: Wochenend-Superintensiv-Kurs, 21. und 22. März

Übung 9

a) ● kann – kennen ■ kann – kenne ● wissen
b) ■ weißt ● weiß – kenne ■ weiß – könnt
c) ● weiß – kenne ● kann – wissen ■ kennen – kennen

Übung 10

Lösungsbeispiel: Für drei Personen und den Karton sind ein VW Fox und ein Mercedes A 150 zu klein. Deshalb muss man einen Mercedes 220 CDI Kombi mieten. Dieses Auto kostet für 3 Tage 305,97 Euro plus die Extragebühren für die Rückgabe am Montagabend. Wenn diese Gebühren hoch sind, kann man das Auto auch gleich für 1 Woche mieten. Der Preisunterschied ist dann nicht sehr groß und man spart die Zeit für einmal Zurückbringen und Abholen.

MAGAZIN

Identifizieren – Argumentieren – Begründen – bewertende Adjektive

	Lektion	**Übungen/Hausaufgaben**	**interkulturelle LK**
Übung 11 CD AB 41 CD AB 42	Ziel ist nicht eine Eins-zu-Eins-Zuordnung von Wörtern und Bildern. Jeder Zuordnungsversuch soll eine Diskussion auslösen. Insofern gibt es für die Zuordnungen nicht eine und auch nicht mehrere „Lösungen", sondern Assoziationen, Überlegungen, Argumente.	**L** ist eine satirische Identifikationsaufgabe. Sie soll nicht sprachlich oder inhaltlich ausgewertet werden. **M** kann eine ausufernde Diskussion einfangen oder Hausaufgabe sein.	
Übung 12 CD 67	Durch die halbernste Frage, ob Herr Schulze eine Arbeitsmaschine sei, wird ein lockerer Zusammenhang mit der vorangegangenen Übung hergestellt.		Kennen Sie „menschliche Arbeitsmaschinen"?

TRANSKRIPT

Übung 12

● Ach ja, der Schulze ...
■ Ist etwas nicht in Ordnung mit Herrn Schulze?
● Nein, nein. So kann man das nicht sagen. Aber ...
■ Was aber?
● Tja, wie soll ich sagen, der Schulze ist immer so ... so korrekt.
■ Ja, sehr korrekt. Das muss ich sagen.
● Vielleicht zu korrekt.
■ Kann man zu korrekt sein? Ist Ihnen unkorrekt lieber?
● Nein, aber er ist so höflich, so pünktlich, so genau ...
■ Ja, so ist er. Und was gefällt Ihnen daran nicht?
● Ich weiß auch nicht. Aber das ist alles ein wenig zu viel, etwas zu korrekt, zu höflich und so ...
■ Ich finde, Herr Pernau, man ist nie korrekt genug und nie höflich genug und selten zu genau.
● Ja, aber das ist doch nicht normal. Wissen Sie, der Schulze, der ist mir nicht spontan genug. Er kann doch auch mal ein wenig unpünktlich sein, so wie Sie.
■ Bin ich unpünktlich?
● Nein, na ja, unpünktlich nicht. Aber Sie sind nicht immer so ganz pünktlich. Oder?
■ Natürlich nicht. Leider. Aber Sie wissen ja, Herr Pernau, das ist mein Problem. Zum Beispiel das Angebot an Firma Ludewig. Das Angebot ist immer noch nicht fertig.
● Was? Das Angebot an Ludewig ist nicht fertig? Hat Firma Ludewig das Angebot immer noch nicht?
■ Nein.
● Frau Molitor, das ist aber nicht in Ordnung.
■ Ja, ich weiß, es tut mir wirklich leid, aber ...
● Was heißt hier „aber"? Wo ist der Schulze? Herr Schulze! Herr Schulze!!
■ Ja, bitte.
● Frau Molitor sagt, das Angebot an Firma Ludewig ist immer noch nicht fertig. Herr Schulze, bitte ...
■ Jaja, schon gut, um Punkt 16 Uhr ist das Angebot bei Firma Ludewig. Ist das alles? Die Sache ist ja dringend.
● Ja, das ist schon alles. Vielen Dank, lieber Herr Schulze.
■ Dann wünsche ich Ihnen noch einen schönen Tag. Frau Molitor, Herr Pernau.
● Tja, Frau Molitor, der Schulze ...

TRANSKRIPT ÜBUNGEN

Übung L

● Was ist denn das im Konferenzraum?
■ Was im Konferenzraum?
● Das Ding ... das Gerät ... die Maschine ...
■ Das ist der neue Fotokopierer.
● Das glaube ich nicht. Fotokopierer sind nicht so groß.
■ Fragen Sie doch Herrn Sternemann. Der weiß es bestimmt ...
▲ Oder Frau Wissmann.
■ Frau Wissmann glaubt, das ist eine Maschine für die Kantine.
◆ Nein, die neue Maschine für die Kantine ist schon in der Kantine und nicht im Konferenzraum.
● Ach, da kommt ja Frau Wissmann. Die weiß immer alles.
■ Ja, und oft weiß sie alles zu gut, also ... nicht gut genug.
▲ Frau Wissmann, was ist denn das Ding im Konferenzraum? Das wissen Sie doch bestimmt.
◆ Ja, natürlich weiß ich das. Aber ich weiß es nicht so genau. Ist das nicht die neue Bürola?
● Das glaube ich nicht, Frau Wissmann. Für eine Büromaschine ist das Ding zu groß und nicht praktisch genug. Die Maschine kann kein Mensch benutzen.
■ Was sagen Sie da? Kein Mensch? Ja, dann ist sie für Herrn Rumpel.
▲ Ich glaube, das ist der neue Fotokopierer.
■ Ja, der Spezialkopierer für Herrn Rumpel.
◆ Also, so viel ist klar: Ein Fotokopierer ist das nicht.

Übung M

● Das ist mir zu kurz.
■ Also nicht lang genug.
● Das ist mir zu schlecht.
■ Also nicht gut genug.
● Das ist mir zu langsam.
■ Also nicht schnell genug.
● Das ist mir zu spät.
■ Also nicht früh genug.
● Das ist mir zu klein.
■ Also nicht groß genug.
● Das ist mir zu dunkel.
■ Also nicht hell genug.
● Das ist mir zu kompliziert.
■ Also nicht einfach genug.
● Das ist mir zu wenig.
■ Also nicht genug.

LEKTION 10: HERZLICHEN GLÜCKWUNSCH!

Erfolgskontroll-Tests im Lehrerhandbuch und im Kursbuch

Auch zu Lektion 10 finden Sie wieder, wie schon zu den Lektionen 2, 4, 6 und 8, einen **Zwischentest**. Mit diesen Tests können Sie den Lernerfolg Ihrer Kursteilnehmer kontinuierlich überprüfen. Außerdem finden Sie im Kursbuch nach Lektion 10 einen **Abschlusstest**.

Zwischentests

Die Kopiervorlagen für die Zwischentests nach jeder zweiten Lektion haben Sie sicher schon benutzt und dabei bemerkt, dass sie durchgängig folgende Bestandteile aufweisen:
- Hörverstehen
- Leseverstehen
- schriftlicher Ausdruck
- Grammatik
- Wortschatz

Sie beziehen sich vor allem auf die vorhergehenden beiden Lektionen, nehmen aber auch, soweit in einem kurzen Zwischentest möglich, Stoff der gesamten bisher zurückgelegten Lernstrecke auf. Prinzipiell bieten die Tests unterschiedliche Einsatzmöglichkeiten:
- als Hausaufgabe
- unter Prüfungsbedingungen im Unterricht
  (mit Korrektur durch Sie und Rückgabe mit Besprechung im Kurs oder in Partnerkorrektur)
- als zusätzliches Übungsmaterial je nach Bedarf im Unterricht

Ein Dilemma ergibt sich dabei durch das Hörverstehen: Hörtexte auf der CD zum Übungsteil würden den Einsatz unter Prüfungsbedingungen beeinträchtigen, Hörtexte auf der Kursbuch-CD besitzen nicht alle KT für die Erledigung als Hausaufgabe. Wir haben uns dazu entschlossen, auf Hörtexte aus den Lektionen zurückzugreifen und stärker als in der Lektion im Hinblick aufs Detailverstehen auswerten zu lassen. Das Hörverstehen steht immer am Anfang des Tests, kann also in der Klasse bearbeitet werden. Danach steht der Weg für die oben beschriebenen Einsatzmöglichkeiten offen.

Abschlusstest im Kursbuch

Der Abschlusstest im Kursbuch, Seiten 106–110 lehnt sich formal an die Prüfung *Start 1* an, die die Stufe A1 voraussetzt. Die ist nach Band 2 von *AB&C* erreicht. Der Abschlusstest in Band 1 nach Lektion 10 spiegelt also 50 % des Leistungsstandes der Prüfung *Start 1* wider. Darauf bereitet er gezielt vor. Er bietet sich als Kursabschluss an und ermöglicht die Ausgabe einer Teilnahmebescheinigung, die den genannten Leistungsstand bestätigt.

Überdies ermöglicht er – ebenso wie die Zwischentests – die Einübung von Prüfungstechniken:
- Aufgaben nicht in der Reihenfolge der Nummerierung bearbeiten, sondern in der Reihenfolge der Lösbarkeit. „Schwere" Aufgaben zurückstellen. Oft werden Zweifel und Schwierigkeiten durch die Lösungen der einfachen Aufgaben beseitigt.
- Multiple-Choice- und Ja/Nein-Aufgaben immer ankreuzen, auch wenn Zweifel bestehen.
- Das Leseverstehen in den Prüfungen und Zertifikaten des Goethe-Instituts präsentiert zunächst den Text mit der Arbeitsanweisung: „Lesen Sie (zuerst) den Text." Darauf folgen die Aufgaben mit der Anweisung „Lösen Sie (jetzt) die Aufgaben". Der Abschlusstest folgt auch in diesem Punkt dem Prüfungsformat. Den KT muss demgegenüber klar sein: 1. *Zuerst* die Aufgaben sorgfältig lesen und verstehen. 2. den Text *nicht lesen*, sondern nach Hinweisen *durchsuchen*, die für die Lösung der Aufgaben wichtig sind.
- Hörverstehen: 1. Vor dem Hören die Aufgaben sorgfältig lesen. 2. Beim ersten Hören konzentriert zuhören und erste Lösungen oder Vermutungen zu Lösungen notieren. 3. Beim zweiten Hören die Lösungen überprüfen, korrigieren und ergänzen.
- Vorgabezeiten einhalten, notfalls abbrechen und zum nächsten Test-/Prüfungsteil übergehen bzw. (bei den Zwischentests) ein eigenes Zeitmanagement entwickeln.

Durchnahmevorschläge, Transkripte, Lösungen

IM ALLTAG

sich im privaten Umfeld kennenlernen/vorstellen/begrüßen/willkommen heißen – Glückwünsche – Geburtstag: *Er/Sie wird ... Jahre alt.* – Familie und Verwandtschaft – Possessivartikel im Nominativ

	Lektion	Übungen/Hausaufgaben	interkulturelle LK
Übung 1 CD 68-70	Die Übung knüpft an die Einladung zur After-Work-Party an (siehe Lektion 4). Angelehnt an die Abbildungen und die Musterdialoge gehen KT in der Klasse umher, begrüßen Freunde, stellen Freunde Bekannten vor, sprechen Glückwünsche zum Geburtstag aus, führen Small Talk. *Sie wird ... Jahre alt* hier und im ÜT als Phrase behandeln, nicht in die Konjugation von *werden* einsteigen!	**A:** Die Varianten der Musterdialoge von Ü 1 bei Bedarf zum Anstoßen der Rollenspiele vorschalten oder als schriftlichen Abschluss der Einstiegsphase einsetzen, auch als Hausaufgabe.	privat-freundschaftliche und beruflich-kollegiale Beziehungen Verwandtschaft und Familie
Übung 2 CD 71	Der Hörtext verdeutlicht die verwandtschaftlichen, freundschaftlichen und beruflich-kollegialen Beziehungen zwischen den Anwesenden. Aus den Zuordnungen und den Einträgen in die Übersicht „Weidrich AG" unter **e)** ergeben sich die Formen der Possessivartikel im Nominativ. Abschluss des Lernschritts mit **f)**.	**B:** Teil **a)** demonstriert die Bildungsweise des Possessivartikels induktiv. Auf dieser Grundlage lädt **b)** zur Entdeckung der Regularität ein. **C:** enger geführte Vorentlastung von Ü 2 f) oder Hausaufgabe	
Übung 3	Torsten und Tanja Stegmann sind in Ü 2 eingeführt. Thema des Briefs sind vor allem die Verwandtschaftsbeziehungen von Familie Stegmann. KT spielen das Beispiel Familie Stegmann anhand des Texts und der Fotos durch.	**D** greift alle in Band 1 eingeführten Angaben zur Person auf. **E** stützt und entlastet Ü 3 b).	
Übung 4 Vorbereitung: L fordert KT auf, Familienfotos mitzubringen.	Ü 4 systematisiert und erweitert das einschlägige Vokabular. KT wenden es auf die eigene Familie an.	**F** ist eine schriftliche Ergänzung zur Anwendungsübung 4. Sie kann vorgeschaltet werden oder den Lernschritt abschließen.	

TRANSKRIPT LEKTION

Übung 2: Eine Feier im „Extremo"

● Hallo Lihua! Schön, dass du da bist. Das freut mich.
■ Hallo, Sören. Das ist also das „Extremo"! Ein bisschen laut und viele Leute. Ziemlich voll ist es hier.
● Ja, das ist doch gut, findest du nicht? Was möchtest du trinken?
■ Eine Cola.
● Okay, Cola. Moment. Rita, eine große Cola!
■ Danke, Sören. Aber sag mal: Wo ist denn das Geburtstagskind? Wo ist Tanja?
● Da drüben, die Blonde mit dem roten Pullover. Tanja ist meine Kollegin im Einkauf.
■ Und wie alt wird sie?
● 25, glaube ich.
■ 25 erst! Ich bin schon 26 Jahre alt.
▲ Hallooo, Lihua!! Da bist du ja, prima!
■ Hallo, Torsten. – Sören, das ist Torsten. Torsten ist mein Kollege. Wir sind in derselben Abteilung.
● Ich weiß, ich weiß. Torsten ist dein Kollege und mein guter Freund. Und weißt du was? Tanja ist seine Schwester.
■ Wie, Torsten, du bist ihr Bruder? Tanja ist deine Schwester? Ihr arbeitet beide bei Weidrich?
▲ Ja, ja, wir sind eben eine große Familie in der Firma.
● Hier ist deine Cola, Lihua. Komm, wir gehen mal rüber zu Tanja ...
▲ Tanja, das ist Lihua, unsere Praktikantin aus China. Lihua, das ist Tanja, meine Schwester.
◆ Herzlich willkommen! Und das ist mein Bruder Torsten.
■ Freut mich, Tanja. Freut mich, Torsten. Heute ist Ihr Geburtstag, nicht wahr?
◆ Ja, ja, aber wir sagen hier alle du. Ist das okay?
■ Einverstanden. Also: Heute ist dein Geburtstag. Herzlichen Glückwunsch und alles Gute im neuen Lebensjahr.
◆ Danke, Lihua, und Prost!
●■▲ Prost!

LÖSUNGEN LEKTION

Übung 2

a) den Geburtstag von Tanja
b) bei der Weidrich AG
c) eine große Cola
d) zuerst „Sie", dann sagt sie zu Tanja: „Heute ist dein Geburtstag"; sie duzt Tanja also.
e) 1-B/C/E; 2-A/H; 3-D/F; 4-C/G; 5-C

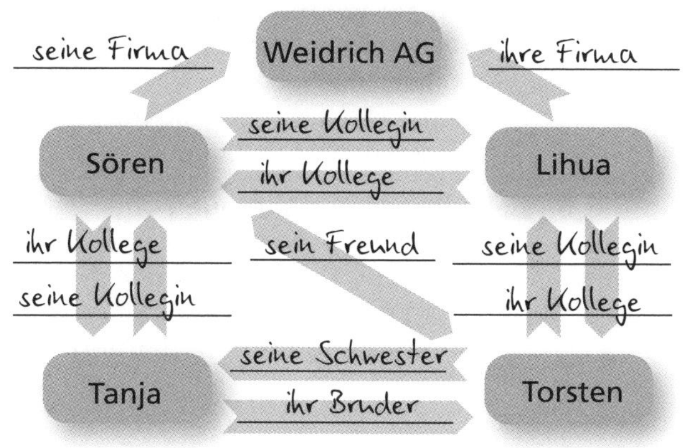

f) Tanja: Heute ist mein Geburtstag. Torsten ist mein Bruder. Ich bin seine Schwester. Sören ist mein Kollege. Ich bin seine Kollegin. Torsten ist mein Bruder. – Sören: Tanja ist meine Kollegin. Torsten ist mein Freund. Die Weidrich AG ist meine Firma. Lihua ist meine Kollegin. – Torsten: Sören ist mein Freund. Tanja ist meine Schwester. Lihua ist meine Kollegin. – Lihua: Torsten und Sören sind meine Kollegen. Die Weidrich AG ist meine Firma.

Übung 3

a) 1 die Eltern und die Großeltern von Tanja und Torsten, Tanja, Torsten; 2 acht Monate; 3 zwei Kinder; 4 Die Mutter von Frau Stegmann und der Vater von Herrn Stegmann leben noch. 5 ja; 6 Dazu gibt es keine Information. 7 nein; 8 Dazu steht nichts im Brief. 9 wahrscheinlich (Sie hat „nette Freunde".)

IM BERUF

Glückwünsche zu privaten und beruflichen Anlässen – Einladung – Geburtstag – formelles Begrüßen, Willkommenheißen, Danken

	Lektion	Übungen/Hausaufgaben	interkulturelle LK
Übung 5 CD 72	Zuordnung der Glückwünsche zu den Anlässen: *Herzlichen Glückwunsch* passt häufig, jedoch nicht zur Verabschiedung und Versetzung, zu Weihnachten und Neujahr. Partnerarbeit: Glückwünsche aussprechen und danken	**G** steuert Ü 5 und kann die Partnerarbeit unterstützen, falls sie ins Stocken gerät.	– private Feiern – Feiern unter Kollegen, im Betrieb – Glückwünsche
Übung 6	KT bringen Erfahrungen über das Wie und Wo privater und beruflicher Feiern ein und vergleichen. Das dient auch der Vorentlastung und Überleitung zu Ü 7.	**H** lenkt die Aufmerksamkeit auf verschiedene Anlässe für vorwiegend betriebliche Feierlichkeiten und auf die Bandbreite mehr oder weniger formeller Redeweisen.	
Übung 7 CD AB 43	Geburtstag und Dienstjubiläum von Alfons Maier; Anlass zur Rückerinnerung: Lektion 7, Ü 6 (Besuch von Edith Lavalle bei Firma Sperling), Lektion 8, Ü 8 Herr Maier löst das Problem). Kurzes Leseverstehen, Schreibanlass: Einladung zur Verabschiedung, zur Weihnachtsfeier, zum Geburtstag ...	**I** knüpft am Anlass Geburtstag an und geht darüber hinaus. Die Distraktoren für die sechs Anwendungsfälle zweckmäßigerweise an die Tafel schreiben oder als OHP-Folie projizieren.	Frage an die KT: Wann werden berufliche Anlässe gefeiert – in der Arbeitszeit, nach Feierabend ...?
Übung 8 CD 73 CD AB 44 **Übung 9** CD 74	An die Auswertung der Hörverstehens-Aufgaben sollte sich auch hier eine Diskussion über kulturelle Unterschiede und Übereinstimmungen bei solchen und ähnlichen Anlässen anschließen. Die Frage nach der Atmosphäre auf der Feier und dem Betriebsklima in Ü 9 b) zielt darauf.	**J:** Demonstration von stimmlosem und stimmhaftem *s* anhand von Lektionswortschatz; Einträge in Tabelle, dann Nachsprech-Übung	Frage an die KT: Wie werden berufliche Jubiläen gefeiert? Was schenkt man? *Sie* und *du* im betrieblichen Umfeld. Quasthoff spricht Alfons Maier als Freund und Kollegen (*du*) und Vorgesetzten und Respektperson (*Sie*) an.
Übung 10	KT üben die Redemittel in **a)** und **b)** und ziehen dazu die Grammatik, S. 101 (Personalpronomen Akk./Dat.), heran. Sie entscheiden sich für einen Anlass wie in **c)**. Ermuntern Sie die KT dazu, ihre Präsentation thematisch auszubauen.	**K** ganz oder teilweise zur Vorbereitung von Ü 10 c) heranziehen.	

TRANSKRIPT LEKTION

Übung 8

Lieber Herr Maier, lieber Alfons, liebe Kolleginnen und Kollegen,
ich möchte Sie, ich möchte euch zu diesem besonderen Anlass heute herzlich willkommen heißen. 50 Jahre alt wird unser Alfons Maier in diesem Monat. 50 Jahre – ein halbes Jahrhundert! Und genau sein halbes Leben ist er in unserer Firma, für viele als Freund, als Mitarbeiter, als Kollege, als Vorgesetzter und seit fünf Jahren als unser Abteilungsleiter Kundendienst. Heute möchten wir, die Geschäftsführung, Ihre Mitarbeiterinnen und Mitarbeiter, deine Kolleginnen und Kollegen, dir, lieber Alfons, Ihnen, lieber Herr Maier, für 25 Jahre gute, freundschaftliche und harmonische Zusammenarbeit danken. Herzlichen Glückwunsch zum 25. Dienstjubiläum, herzlichen Glückwunsch zum Geburtstag. Wir wünschen dir von Herzen alles Gute für die nächsten zehn, zwanzig Jahre bei uns im Hause Sperling.
Lieber Alfons, wir haben hier eine kleine Überraschung. Du bist ja gern zu Fuß unterwegs. Da findest du vielleicht dieses Buch nützlich. Da findest du alle Wanderwege in Mitteleuropa. Und dann dieser Wanderstock – mit 50 Jahren braucht man den. Und ein Paar solide Wanderschuhe. Die halten bis zum hundertsten Geburtstag. Hoffentlich passen sie dir.

Übung 9

Lieber Werner, für deine freundlichen Worte möchte ich dir herzlich danken. Ich bin sehr dankbar für die vielen guten Jahre bei der Sperling GmbH – für die schöne Zusammenarbeit mit allen Kollegen und Mitarbeitern, besonders mit dir, lieber Werner. Du bist mir ein guter Vorgesetzter und ein guter Freund. Und dann noch diese tolle Überraschung heute Abend. Aber Vorsicht, vielleicht komme ich jetzt nicht mehr pünktlich ins Büro. Jetzt trage ich vielleicht diese wunderbaren Schuhe und komme zu Fuß zur Arbeit. Und das geht dann nicht so schnell.
Aber jetzt möchte ich alle an unser kleines Büfett bitten. Das haben meine Frau und meine Tochter ... Elisabeth, Vera, wo seid ihr denn? Ah, da seid ihr ja – also die beiden haben das vorbereitet. Da drüben sind Getränke – Wein, Bier, Saft und Wasser. Also, wir hoffen, es schmeckt euch.

TRANSKRIPT ÜBUNGEN

Übung I

- ● Frau Müller hat heute Geburtstag.
- ■ Herzlichen Glückwunsch zum Geburtstag!
- ● Bald ist Weihnachten.
- ■ Frohes Fest!
- ● Wir feiern die Beförderung von Frau Schmölninger.
- ■ Viel Erfolg in der neuen Position!
- ● 31. Dezember, 24.00 Uhr.
- ■ Prost Neujahr! Glück und Gesundheit im neuen Jahr!
- ● Birgit Schulz hat eine neue Stelle.
- ■ Viel Erfolg im neuen Job!
- ● Heute verabschieden wir Herrn Kast.
- ■ Alles Gute für die Zukunft!

Übung J b)

Zum Mittagessen gibt es Reis und Gemüse.
Sabine Simonis hat am Donnerstag Geburtstag.
In der Pause trinken sie ein Glas Mineralwasser.
Nach der Pause machen sie Hausaufgaben.
Am Sonntag, dem sechsten sechsten, ist das Geschäft geschlossen.

LÖSUNGEN LEKTION

Übung 5

zur Beförderung / zur neuen Stelle: Herzlichen Glückwunsch! / Viel Erfolg in der neuen Position! / Viel Erfolg im neuen Job! – zum Geburtstag: Herzlichen Glückwunsch! / Alles Gute im neuen Lebensjahr! – zum neuen Jahr: Prost Neujahr! Glück und Gesundheit! – zur Verabschiedung: Alles Gute für die Zukunft! – zur Versetzung: Viel Erfolg in der neuen Position! Viel Erfolg im neuen Job! – zu Weihnachten: Frohes Fest! – zum Firmen-/Dienstjubiläum: Herzlichen Glückwunsch!

Übung 7

a) nach Feierabend
b) Was: 25 Jahre in der Firma, 50. Geburtstag; Wann: am 19. Mai, um 18.00 Uhr; Wo: Im Konferenzraum, in der Firma

Übung 8

1 Kollege, Vorgesetzter und Freund
2 Sie: als Vorgesetzter; du: als Kollege und Freund
3 25 Jahre
4 Abteilungsleiter Kundendienst
5 fünf Jahre
6 1 Wandern, Buch „Wanderwege in Mitteleuropa", Wanderstock, Wanderschuhe
7 hören: Herzlichen Glückwunsch zum 25. Dienstjubiläum! – Herzlichen Glückwunsch zum Geburtstag! – Wir wünschen dir von Herzen alles Gute für die nächsten zehn, zwanzig Jahre ...; außerdem passen: Alles Gute im neuen Lebensjahr! – Alles Gute für die Zukunft!

Übung 9

a) kleines Büfett

MAGAZIN

Firmenjubiläum: Unternehmen feiern Geburtstag – Einladung zum Tag der offenen Tür

	Lektion	Übungen/Hausaufgaben	interkulturelle LK
Übung 11 CD 75	Ü11 zeigt zwei typische Einladungen zu Werbeveranstaltungen, um Kunden ans Unternehmen zu binden und neue zu gewinnen. Das sollte deutlich werden. Dazu ist es nicht notwendig und sogar schädlich, alle Wörter im Einzelnen zu klären. Der Hörtext bezieht sich auf die Einladungen.	Die zurückschauende Wortschatzübung **L** fasst den Inhalt von Band 1 zusammen. Sie kann in Gruppenarbeit zum spielerischen Kursabschluss benutzt werden.	Entgegen häufigen Rollenerwartungen argumentiert die Ehefrau für den Besuch des Autohauses, der Ehemann möchte lieber der Einladung ins Modehaus folgen.

TRANSKRIPT

Übung 11

- ● Sieh mal, das Autohaus Graf macht einen Tag der offenen Tür.
- ■ Einen Tag der offenen Tür?
- ● Ja, am nächsten Sonntag. Graf feiert sein 40. Firmenjubiläum. Sollen wir mal hingehen? Hast du Lust?
- ■ Ach, ich weiß nicht. Was willst du denn da?
- ● Na ja, sie präsentieren da die neuen Modelle. Vielleicht kann ich mal Probe fahren.
- ■ Ach, ich weiß nicht. Autos finde ich langweilig.
- ● Und du Christian, willst du mitkommen?
- ▲ Ach, ich weiß auch nicht, was soll ich denn da?
- ● Hier steht, es gibt einen Pony-Express.
- ▲ Pony-Express??
- ● Und sie bieten auch ein Training an der Kletterwand an. Rock-Climbing, verstehst du?
- ▲ Oh, super. Das finde ich spannend.
- ● Und hier, Walter, sieh mal, für dich gibt es Kaffee und Kuchen und eine Sektbar. Und Dixieland.
- ■ Kaffee und Kuchen! Sektbar! Du weißt doch, Kaffee und Kuchen, das ist nicht mein Ding. Und Sekt trinke ich auch nicht gern. Und die Musik finde ich auch blöde. Dixieland!!
- ▲ Ich auch.
- ● Also gut, die Musik ist blöde. Aber Christian, du kommst mit, oder? Äh, und wie ist es jetzt mit dir, Walter? Hast du Lust?
- ■ Ach, ich weiß nicht. Ich glaube, ich gehe lieber zum Modehaus Öttinger. Sieh mal, hier, die V.I.P.-Einladung zur Kollektionspremiere Frühling/Sommer.
- ● V.I.P.-Einladung! Da muss ich ja lachen!

LÖSUNGEN

Übung 11

Die Ehefrau/Mutter möchte gern zum Tag der offenen Tür. Der Ehemann (Walter) möchte gern zur Modenschau. Der Sohn (Christian) geht vielleicht mit zum Tag der offenen Tür im Autohaus, aber das ist nicht ganz klar.

Name: ____________________ **Kurs:** __________

HÖREN

Lesen Sie die Aufgaben 1–10. Hören Sie dann den Dialog Kursbuch Seite 88, Übung 7 (CD 66) zweimal. Kreuzen Sie A, B oder C an.

0 Die Mitarbeiter müssen PC-Kenntnisse bis zum [A] 1. März [X] 1. April [C] 1. Mai haben.
1 Herr Hildesheimer will den Kurs am [A] 21./22.3. [B] 25.2. und 5.3 [C] am 3.3. und 5.3. machen.
2 Herr Hildesheimer findet den Kurs [A] zu teuer. [B] den Kurs lang genug. [C] sehr intensiv.
3 Er kann [A] Outlook und Excel gut. [B] Excel sehr gut. [C] Outlook ganz gut und ein bisschen Excel.
4 Herr Bremer möchte den Kurs am 25. und 5.3. machen, aber [A] der Preis ist zu hoch. [B] der Kurs ist zu intensiv. [C] der Termin passt nicht.
5 Herr Bremer nimmt [A] einen Kurs. [B] zwei Kurse [C] drei Kurse.
6 Herr Bremer hat insgesamt [A] acht Kurstage. [B] fünf Kurstage. [C] drei Kurstage.
7 260 Euro kostet der [A] Wochenendkurs. [B] kombinierte Word-Outlook-Kurs. [C] Kurs Excel kompakt.
8 Frau Lauxen muss [A] auch zur Messe [B] später zur Messe. [C] nicht zur Messe.
9 Sie [A] macht keinen Kurs. [B] macht den Kurs am 3.3 und 5.3. [C] muss einen anderen Kurs wählen.
10 Zur Messe muss Herr Bremer und [A] Frau Rosenberger. [B] Herr Hildesheimer. [C] Frau Lauxen.

Punkte: ____/10

LESEN

T-Shirt
Legere Form mit Rundhalsausschnitt.
Reine Baumwolle.

schwarz	rot	weiß
(Best.Nr. 492 909 2)	(Best.Nr. 493 119 69)	(Best.Nr. 480 464 4)

Gr. S (44/46), M (48/50) ~~20,–~~ **14,–**
Gr. L (52/54), XL (56/58), XXL (60) ~~23,–~~ **16,–**

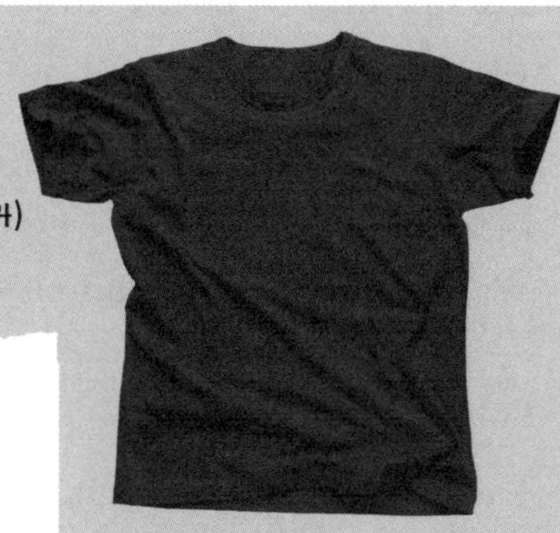

Was steht im Text? Schreiben Sie die Angaben.

0 Material: Baumwolle
1 Artikel: ____________________
2 Farben: ____________________
3 Preis neu für Größe S (44/46): ____________________
4 Preis alt für Größe XXL (60): ____________________
5 Bestellnummer (weiß): ____________________

Punkte: 5 x 2 = ____/10

GRAMMATIK

Machen Sie fünf Sätze.

0 bitte / gehen / ins Labor / können / schnell – 1 fahren / im März / sollen / zur Messe – 2 das Seminar / machen / möchte_ / wann – 3 am Bahnhof / ich / müssen / sein – 4 sehr / gefallen / mir / gut – 5 erst / ich / kommen / können / um 10.00 Uhr / zum Unterricht

0 Kannst du bitte schnell ins Labor gehen?
1 Herr Bremer ____________________.
2 ____________ Sie ____________? 3 In zehn Minuten ____________________.
4 ____________ die Bluse ____________. 5 Heute ____________________.

Punkte: 5 x 2 = ____/10

Alltag, Beruf & Co. 1, Lehrerhandbuch, ISBN 978-3-19-141590-7, © Hueber Verlag 2009

Zwischentest 5

SCHREIBEN

Schreiben Sie eine Bestellung

1 an: Firma Büro-Service
Fax-Nr. 0800 36 46 47

2 Artikel:
1 Drucker Deskjet A310
1 Druckerpatrone schwarz

3 Einzelpreise und Bestellnummern:
€ 119,00 (DC 01908)
€ 15,99 (TS 12344)

4 Lieferzeit: eine Woche

5 Nennen Sie den Gesamtpreis und den Liefertermin.

Firma Büro-Service

____

____

____

____

____

____

____

____

____

____

____

____

____

Mit freundlichen Grüßen

Punkte: 5 x 2 = _____/10

WORTSCHATZ

Was ist richtig? A, B oder C? Kreuzen Sie an.

0 Können wir morgen liefern? – Ja, ___.
[A] das geht nicht
[X] das geht
[C] erst übermorgen

1 Wie komme ich zum Bahnhof? – Das ___ ich nicht.
[A] weiß
[B] kann
[C] kenne

2 Frau Lauxen hat keine Zeit. Leider ___ sie das Seminar nicht machen.
[A] muss
[B] kann
[C] möchte

3 Der Pullover passt mir. Er ist ___.
[A] zu klein
[B] nicht groß genug
[C] nicht zu groß

4 ___ du den Herrn da?
[A] Weißt
[B] Kennst
[C] Kannst

5 Meine Eltern haben 3 Kinder: zwei Söhne und ___
[A] eine Tochter.
[B] einen Bruder
[C] eine Schwester.

6 Muss ich heute fahren oder ___ ich auch morgen fahren?
[A] muss
[B] will
[C] kann

7 Butter brauchen wir nicht. Aber wir haben ___ mehr.
[A] noch Milch
[B] genug Milch
[C] keine Milch

8 Herzlichen Glückwunsch ___.
[A] zum Geburtstag
[B] zum neuen Jahr
[C] zur Begrüßung

9 Guten Tag, meine Damen und Herren, ich möchte Sie herzlich ___
[A] verabschieden.
[B] begrüßen.
[C] anrufen.

10 Die Hose gefällt mir, ___
[A] aber ich nehme sie.
[B] deshalb nehme ich sie.
[C] dann steht sie mir nicht.

Punkte: _____/10

Ergebnis: _____ Punkte x 2 = _________/100

Alltag, Beruf & Co. 1, Lehrerhandbuch, ISBN 978-3-19-141590-7, © Hueber Verlag 2009

LEKTION 1

Übung A

a) Lihua ist der Vorname. Bist du auch Studentin? – Ja, ich bin Studentin. Ich heiße Charlotte Leutwiller. – Charlotte, das ist Tim Boonen. – Grüß dich, Tim. Lernst du auch Deutsch? – Ja, und du?
b) Städte: Hongkong, Budapest, Kapuvar, Dresden, Wien, Bern, Mexiko(-Stadt); Länder: Italien, China, Schweden, Schweiz, Mexiko, Polen; Vornamen: Diego, Lihua, Charlotte, Nina, Rudi, (Thomas); Familiennamen: Mutinda, Sánchez, Leutwiller, von Römer, Thomas, Kada

Übung B

a) B-5; C-6; D-2; E-7; F-8; G-1; H-3
b) A-3; B-6; C-1; D-4; E-8; F-7; G-2; H-5

Übung C

Wo – Wie – wie – Wo – Wo/Wie – Wie – Woher – wo

Übung D

von Goethe: fau, oo, enn, gee, oo, ee, tee, haa, ee; Adenauer: aa, dee, enn, aa, uu, ee, err; Freud: eff, err, ee, uu, dee; Beckenbauer: bee, ee, tsee, kaa, ee, enn, bee, aa, uu, ee, err; Schmeling: ess, tsee, haa, emm, ee, ell, ii, enn, gee

Übung E

b) Brenner; c) Leutwiller; d) Valtino; e) Huang; f) Bühler

Übung F

a) Ich heiße Huang Lihua. b) Woher kommst du? – Ich komme aus Kapuvar. c) Wo ist das? – Das ist in Ungarn. d) Wie ist der Vorname: Huang oder Lihua? – Der Vorname ist Lihua. e) Wo wohnst du? – Ich wohne in Hongkong und du? f) Ich wohne in Kapuvar. – Ah, du kommst aus Ungarn.

Übung G

2 Wohnt er in Wien oder in Zürich? 3 Guten Tag, da sind Sie ja. 4 Jetzt wohnt Lihua in Dresden. 5 Kommst du auch aus Frankreich? 6 Sie wohnt nicht in der Schweiz. 7 Ist der Vorname Huang oder Lihua? 8 Und woher kommt Istvan Kada?

Übung H

aber – oder – Aber – auch – Aber – oder – Und – auch – Und – oder

Übung I

a) 2 ... ist Herr Valtino von Beruf? 3 Und wo wohnt Herr Valtino? 4 Und woher kommt Herr Valtino? 5 Und wo arbeitet Herr Valtino?

Übung J

a) Vornamen: ä Käthe, e Lea, i Nina, o Toni, ö Sören, u Rudi, ü Rüdiger; Familiennamen: a Kahlo, e Wehner, i Riemann, o Thomas, ö von Römer, u Basuno, ü Bühler; Städte: ä Bärenthal, e Dresden, i Wien, o Rom, ö Göteborg; u Chur, ü Lüneburg

Übung K

2 Herr Bläser heißt Sören. Er kommt aus Lüneburg. 3 Frau Wehner heißt Käthe. Sie kommt aus Göteborg. 4 Herr von Römer heißt Rüdiger. Er kommt aus Bärenthal. 5 Frau Bühler heißt Beate. Sie kommt aus Basel. 6 Herr Basuno heißt Toni. Er kommt aus Rom.

Übung L

b) die Programmiererin; c) der Informatiker; d) die Elektroingenieurin; e) der Kursteilnehmer; f) die Lehrerin; g) der Ingenieur; h) die Kollegin; i) der Praktikant; j) die Studentin

Übung M

a) 1 immer; 2 manchmal; 3 oft; 4 nie; 5 selten; 6 selten; 7 oft; 8 selten; 9 manchmal
b) 1 A; 2 C oder D; 3 A; 4 C oder D

Übung N

a) 1, 2, 4, 6, 7 (HV), 10, 11, 12 b) 1, 2 (HV), 11
c) 1, 2 (HV), 5, 7 (HV), 11

Übung O

der: der Kurs, der Satz, der Teilnehmer, der Wohnort, der Informatiker, der Praktikant, der Motor, der Rechner, der PC
das: das Land, das Kind
die: die Liste, die Studentin, die Tabelle, die Notiz, die Konferenz, die Firma, die Ingenieurin, die Maschine
Verben: wohnen, buchstabieren, schreiben, begrüßen, arbeiten

Alltag, Beruf & Co. 1, Lehrerhandbuch, ISBN 978-3-19-141590-7, © Hueber Verlag 2009

Lösungen Übungen

LEKTION 2

Übung B
a)

	Z	W	Ö	L	F			
	W				Ü		E	
	E		D		N	U	L	L
V	I	E	R		F		F	
I			E					
E		S	I	E	B	E	N	
R		E					E	
		C			Z		U	
A	C	H	T		E	I	N	S
		S			H			
			F	Ü	N	F		

b)

			V									A	
Z	W	E	I									C	
W			E	I	N	S			S	E	C	H	S
Ö			R		U				I			T	
L					L		D	R	E	I			
F		Z	W	Ö	L	F			B				
		W				Ü			E	L	F		
V	I	E	R			N	E	U	N		Ü		
		I		E	L	F					N		
							Z	W	Ö	L	F		

Übung C
a) morgen von zehn bis elf Uhr; b) ... heute Vormittag. Aber morgen und übermorgen hat sie keine Zeit. Hans hat heute keine Zeit, aber morgen geht es von zwei bis fünf Uhr und übermorgen von ein bis fünf Uhr. Bei Gesine geht es heute Vormittag, morgen Nachmittag und übermorgen von drei bis sechs Uhr.

Übung D
b) arbeitet heute acht Stunden von acht Uhr bis ein Uhr und von drei Uhr bis sechs Uhr.
c) Felix Reimann arbeitet übermorgen drei Stunden von zwei Uhr bis fünf Uhr.
d) Lucia Buroi arbeitet morgen vier Stunden von sechs Uhr bis zehn Uhr.
e) Roswitha Wennrich arbeitet heute fünf Stunden von ein Uhr bis sechs Uhr.
f) Jürgen Pälzer arbeitet übermorgen sechs Stunden von acht Uhr bis elf Uhr und von drei bis sechs Uhr.

Übung E
... habe heute Nachmittag drei Stunden Zeit. – Ich habe morgen keine Zeit. – Die Lehrerin hat morgen keine Zeit. – Die Kursteilnehmer haben morgen keine Zeit.

Übung G
Beispiele: die Ein-Kind-Familie, der Ein-Personen-Haushalt, die Ein-Euro-Münze, die Ein-Zimmer-Wohnung; die Zwei-Millionen-Stadt, der Zwei-Personen-Haushalt, die Zwei-Zimmer-Wohnung, die Zwei-Euro-Münze, die Drei-Zimmer-Wohnung, der Vier-Personen-Haushalt, der Fünf-Uhr-Tee, der Acht-Stunden-Tag, ...

Übung H
Dialog 1: morgen Abend – Dialog 2: übermorgen Vormittag – Dialog 3: heute Nachmittag – Dialog 4: morgen (Abend) – Dialog 5: heute Nachmittag – Dialog 6: morgen Nachmittag – Dialog 7: übermorgen Nachmittag (1 Stunde)

Übung I
(von links nach rechts gegen den Uhrzeigersinn:) der Vorname – die Hausnummer – die Postleitzahl – die E-Mail-Adresse – die Internetadresse – der Wohnort – die Faxnummer – die Telefonnummer – die Postadresse – das Foto – der Beruf

Übung J
a) – , –, ein, –, –, eine, Die, die/eine, das/ein, Die
b) eine, eine, die, eine, die, ein, der

Übung K
nie; immer nie, immer; Heute; morgen; morgen; morgen, heute, heute; übermorgen; übermorgen, übermorgen, heute

Übung L
der/ein/die/–: Name/Namen, Rechner/Rechner, Kollege/Kollegen, Vormittag/Vormittage, Text/Texte, Kunde/Kunden, Sprachkurs/Sprachkurse, Betrieb/Betriebe, Tag/Tage;
das/ein/die/–: Beispiel/Beispiele, Foto/Fotos, Zimmer/Zimmer, Land/Länder, Kind/Kinder;
die/eine/die/–: Tabelle/Tabellen, Stunde/Stunden, Liste/Listen, Stadt/Städte, Wohnung/Wohnungen, Kollegin/Kolleginnen, Adresse/Adressen, Konferenz/Konferenzen, Teilnehmerin/Teilnehmerinnen, Telefonnummer/Telefonnummern, Dienstreise/Dienstreisen, Lehrerin/Lehrerinnen, Postleitzahl/Postleitzahlen

Übung M
Welche Büros sind richtig? – Welcher Name ist richtig? – Welche Adresse ist richtig? – Welche Städte sind richtig? – Welche Postleitzahlen sind richtig? – Welches Fax ist richtig? – Welche E-Mail-Adresse ist richtig?

Alltag, Beruf & Co. 1, Lehrerhandbuch, ISBN 978-3-19-141590-7, © Hueber Verlag 2009

LEKTION 3

Übung A
Kaffeepause: montags bis freitags 10.00 Uhr – 10.30 Uhr; Sprechtraining: montags 10.30 Uhr – 12.00 Uhr, mittwochs 8.30 Uhr – 10.00 Uhr, donnerstags 13.45 Uhr – 15.15 Uhr; Test: am Freitag 10.30 Uhr – 12.00 Uhr; Mediothek: dienstags 13.45 Uhr – 15.15 Uhr, mittwochs 15.15 Uhr – 16.45; Exkursion: am Donnerstag, 9.00 Uhr; Video: dienstags und donnerstags 15.15 Uhr – 16.45 Uhr; frei: freitags um 13.45 Uhr; Disco: am Mittwoch um 20.00 Uhr

Übung B
acht Uhr – acht Uhr fünfzehn – acht Uhr fünfundzwanzig – neun Uhr fünfzig – dreizehn Uhr zehn – vierzehn Uhr dreißig – fünfzehn Uhr dreißig – sechzehn Uhr fünfundfünfzig – achtzehn Uhr fünfundvierzig – zweiundzwanzig Uhr zehn – vierundzwanzig Uhr – null Uhr fünfzehn

Übung C
16 sechzehn – 27 siebenundzwanzig – 29 neunundzwanzig – 34 vierunddreißig – 35 fünfunddreißig – 42 zweiundvierzig – 46 sechsundvierzig – 53 dreiundfünfzig – 58 achtundfünfzig – 62 zweiundsechzig – 66 sechsundsechzig – 72 zweiundsiebzig – 85 fünfundachtzig – 90 neunzig – 92 zweiundneunzig

Übung D
a) 2 fünfzig – 3 neunzehn – 4 vierzig – 5 dreizehn – 6 sechzehn – 7 achtzig – 8 zwölf

Übung E
1-C, 2-G, 3-A, 5-F, 6-E, 7-H, 8-B

Übung F
a) beginnt – beginnst – beginne – beginnt – beginnen, beginnen; b) hat – haben – haben – hast – habe – haben; c) arbeiten – arbeitet – Arbeitest – arbeite

Übung H
b) eine Unterrichtsstunde, c) vierundzwanzig Stunden, d) sieben Tage, e) acht Stunden pro Tag, f) Wochenarbeitszeit, g) fünf Tage

Übung I
Wir arbeiten acht Stunden pro Tag. Ich habe zwölf Kollegen: sieben Kolleginnen und fünf Kollegen. Der Arbeitstag beginnt um 7.00 Uhr. Um 12.30 Uhr haben wir 30 Minuten Mittagspause. Am Wochenende haben wir frei.

Übung J
2 Die Besprechung dauert zwei Stunden. – 3 Sie besprechen die Hardware-Probleme im Vertrieb. – 4 Die Besprechung beginnt um 9.00 Uhr. – 5 Wer arbeitet im Vertrieb? – 6 Welcher Tagesordnungspunkt dauert fünf Minuten? / Wie lange dauert Tagesordnungspunkt 1? – 7 Wie viele Tagesordnungspunkte gibt es? – 8 Wann ist TOP 5 zu Ende?

Übung K
... um neun Uhr. – Der Bericht dauert von neun Uhr fünfzehn bis zehn Uhr fünfundvierzig. – Die Partnerarbeit dauert von zehn Uhr fünfundvierzig bis zwölf Uhr dreißig. – Die Mittagspause dauert von zwölf Uhr dreißig bis dreizehn Uhr fünfundvierzig. – Der TOP Verschiedenes dauert von dreizehn Uhr fünfundvierzig bis fünfzehn Uhr. – ... fünfzehn Uhr zu Ende.

Übung L
a) 2 Beginn: am Montag; Ende: am Freitag; Dauer: von Montag bis Freitag = fünf Tage – 3 Beginn: um zwölf Uhr dreißig; Ende: um dreizehn Uhr fünfzehn; Dauer: von zwölf Uhr dreißig bis dreizehn Uhr fünfzehn = fünfundvierzig Minuten

Übung M
2 Da haben wir einen Termin. – 3 Alle Teilnehmer sind da. – 4 Da beginnt die Konferenz.

Übung N
(Lösungsbeispiele:) die Tagesordnungen; die Vermutung – die Vermutungen – vermuten; die Anmeldung – die Anmeldungen – anmelden; die Bestellung – die Bestellungen – bestellen; die Übung – die Übungen – üben; die Planung – die Planungen – planen; die Begrüßung – die Begrüßungen

Übung O
Beginn – Stunden – (Stundenplan) – Plan – Mitarbeiter – Minute – Unterricht – Mittwoch – Tag – Pause – Morgen – Teilnehmer – Sprachkurs – Praktikantin – Termin – Dienstag – Ende

Übung P
b) 0341/8137960; c) von 8.30 Uhr bis 12.00 Uhr; d) samstags bis 18.00 Uhr, sonntags von 8.00 Uhr bis 10.00 Uhr; e) 0800-553 355 1; f) von 17.00 Uhr bis 1.00 Uhr; g) 8.00 Uhr; h) Praxis Dr. Peter Wirth, Sparkasse Neustadt-Dorfen; i) von 12.30 bis 13.45 Uhr / eine Stunde und 15 Minuten

Alltag, Beruf & Co. 1, Lehrerhandbuch, ISBN 978-3-19-141590-7, © Hueber Verlag 2009

LEKTION 4

Übung A
(von oben nach unten) die Eiscreme, das Gemüse, die Nudeln, das Bier, der Kaffee, der Reis, die Cola, der Fisch

Übung B
Beispiele: Ich esse gern Pizza. – Christian trinkt gern Tee. – Frau Brenner isst gern Fisch. – Wir essen gern Gemüse. – Lihua und Sören trinken gern Saft.

Übung C
2 ... Nudeln. – 3 Wir essen gern Reis. – 4 Frau Huang isst gern Reis. – 5 Isst du auch gern Reis? – 6 Trinkst du auch gern Cola? – 7 Nein, ich trinke nicht gern Cola.

Übung D
	1	VERB	...
2		Sind	Sie oft in Deutschland?
	In Deutschland	bin	ich nicht so oft.
	Ich	bin	oft in Österreich.
3		Trinken	die Deutschen Tee zum Essen?
	Tee	trinken	die Deutschen selten zum Essen.
	Die Deutschen	trinken	oft Mineralwasser zum Essen.
4		Isst	man in China viel Kartoffeln?
	Kartoffeln	isst	man in China nicht so viel.
	Man	isst	in China viel Nudeln und Reis.

Übung F
Das ist ... 1 früh/spät – 2 kurz/lang – 3 selten/oft – 4 wenig/viel – 5 lang/kurz – 6 früh/spät – 7 wenig/viel – 8 selten/oft – 9 kurz/lang

Übung G
2 das Kartoffelpüree, 3 die Tomatensoße, 4 der Gemüseteller, 5 die Rinderbratwurst, 6 der Schokoladenpudding

Übung H
2-C, 3-A, 4-H, 5-K, 6-G, 7-J, 8-F, 9-I, 10-B, 11-D, 12-L

Übung I
a) 2 Welcher, 3 Welches, 4 Welches, 5 Welche, 6 Welche
b) 1 Welchen, 2 Welchen, 4 Welches, 5 Welche, 6 Welche

Übung J
a) kurzes e/i: 6, 7, 9, 10, 11 (ist), 14, 15, 18, 20; langes e/i: 3, 4, 5, 8, 11 (er), 12, 13, 16, 17, 19

Übung K
a) B-8, C-7, D-2; E-10, F-6, G-11, H-1, I-4, J-4, K-3, L-5
b)/c) die Chemielaborantin, Chemielaborantinnen – der Deutschkurs, Deutschkurse – der Familienname, Familiennamen – der Früchtejoghurt, Früchtejoghurt(s) – der Konferenzteilnehmer, Konferenzteilnehmer – das Mittagessen, Mittagessen – der Schweinebraten, Schweinebraten – der Speiseplan, Speisepläne – der Stundenplan, Stundenpläne – der Terminkalender, Terminkalender – der Wochentag, Wochentage

Übung M
1 Hauptgericht: Rinderroulade, Nachtisch: Eiscreme – 2 Vorspeise: gebackene Tomate, Hauptgericht: Bratwurst, Nachtisch: Vanillepudding – 3 Hauptgericht: Lachsfilet, Beilage: Gemüsereis – 4 Beilage: Nudeln, Nachtisch: Früchtejoghurt

Übung N
1 ein Schnitzel, einen Pudding – 2 Stadt, das Land, den Beruf – 3 den Unterricht, die Lehrerin, das Buch – 4 ein Lachsfilet, eine Bratwurst, einen Rinderbraten – 5 einen Kaffee, eine Cola, ein Mineralwasser

Übung O
2: einen/0, 0, 0, Der – 3: 0, 0 – 4: 0, 0, der – 5: 0, einen/0 – 6: 0, 0, die, 0

Übung P
das Frühstück: Essen 2, 3, 4, 5, 9, 10, 13, 15, 22; Trinken: 8, 11, 16, 17, 20 – das Mittagessen: Essen 6, 7, 14, 15, 18, 19; Trinken: 1, 12, 16, 17, 21 – das Abendessen: Essen 2, 3, 4, 5, 6, 7, 9, 18, 19, 22; Trinken: 1, 11, 12, 16, 17, 20, 21

Alltag, Beruf & Co. 1, Lehrerhandbuch, ISBN 978-3-19-141590-7, © Hueber Verlag 2009

LEKTION 5

Übung A

Beispiele:
b) Von Basel nach Zürich nehme ich den Zug. Das ist schnell und gut. Aber der Zug ist teuer und voll.
c) Von Paris nach Bangkok nehme ich das Flugzeug. Das ist schnell und gut. Aber es ist teuer und voll.
d) In Zürich nehme ich den Bus. Das ist schnell und nicht teuer. Aber der Bus ist nicht bequem und voll.
e) Von der Firma ZF zum Bahnhof nehme ich ein Taxi. Das ist schnell und bequem. Aber es ist teuer.
f) Vom Bahnhof zum Hotel gehe ich zu Fuß. Das ist gesund. Aber es ist nicht bequem.

Übung B

... fährst du? Wann fahren sie? Ich fahre um 8.00 Uhr. Er fährt um 8.00 Uhr. – Nimmst du ein Taxi? Nehmen Sie ein Taxi? Ich nehme kein Taxi. Er nimmt kein Taxi. – Oder gehst du zu Fuß? Oder gehen sie zu Fuß? Ich gehe zu Fuß. Er geht zu Fuß.

Übung C

a) 1 keinen; 2 keinen, ein; 3 den, kein; 4 eine, keine; 5 ein, -
b) Die, keinen, einen, einen, ein, Das, keinen, eine, einen, ein

Übung E

b) Claudio geht zu Fuß. Gehst du auch zu Fuß? c) Beate Bühler isst Reis. Isst du auch Reis? d) Ich trinke gern Tee. Trinkst du auch gern Tee? e) Sören nimmt einen Joghurt. Nimmst du auch einen Joghurt? f) Erika isst Bratwurst. Isst du auch Bratwurst?

Übung F

a) Ja, Parkuhren gibt es. Auf Bild 1 ist eine/sieht man eine. b) Ja, Frauenberufe gibt es. Auf Bild 2 sieht man einen. c) Ja, Fahrschulen gibt es. Auf Bild 3 ist eine. d) Ja, Fahrradparkhäuser gibt es. Auf Bild 4 ist eins. e) Ja, Busfahrpläne gibt es. Auf Bild 5 ist einer. f) Ja, Fahrscheinautomaten gibt es. Auf Bild 6 ist einer. g) Ja, Frauenparkplätze gibt es. Auf Bild 7 ist einer. h) Ja, Partystraßenbahnen gibt es. Auf Bild 8 ist eine.

Übung G

a) 1 6; 2 Waldstraße, Schillerplatz, Theater, Hauptpost, Hauptbahnhof, Schlossplatz; 3 fünfmal; 4 5 Minuten

b) Fahrtzeiten: 5.10 – 5.40 – 6.00 – alle 20 Minuten – 18.40 alle 30 Minuten – 22.10

Übung H

B-5-a, C-1-k, D-3-c, E-4-j, F-2-i, G-3-g, H-1-b, I-5-h, J-3-l, K-4-f, L-3-e

Übung I

a) um 8.00 Uhr: eine Dame, ein Herr, insgesamt zwei Personen (Silvia, Thorsten) um 8.30 Uhr: drei Damen, zwei Herren, insgesamt fünf Personen (Sonia, Petra, Silvia, Karen, Thorsten) um 9.30 Uhr: vier Damen, zwei Herren, insgesamt sechs Personen (alle)

Übung J

b) Prozentangabe; c) Terminangabe; d) Zeitangabe; e) Ortsangabe; f) Zahlenangabe; g) Entfernungsangabe

Übung L

B-1/2/5/7; C-3/4/5/8; D-6/7; E-1/5; F-4/5/6/8; G-1/5; H-3/4/5/8; I-5; J-1/5/6/7; K-4; L-1/3/4/5/8; M-5; N-2/3/4/5; O-3/4/5/8; P-4/6/8

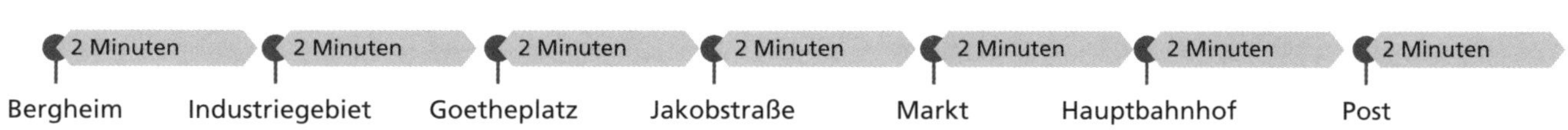

Alltag, Beruf & Co. 1, Lehrerhandbuch, ISBN 978-3-19-141590-7, © Hueber Verlag 2009

Lösungen Übungen

LEKTION 6

Übung A

a) täglich – einmal pro Woche – monatlich – jährlich;
b) 2 einmal jährlich; 3 Zweimal wöchentlich; 4 viermal, fünfmal monatlich; 5 viermal stündlich; 6 zweimal monatlich; 7 siebenmal täglich

Übung B

Dosen: 10, 12, 14, 16; Flaschen: 4, 5, 6, 13; Gläser: 1, 3, 7, 9, 11; Beutel: 2, 8, 15

Übung C

noch, genug, zu wenig, zu viel, genug, zu wenig

Übung E

Kartoffeln esse ich gern. Gern komme ich am Dienstag. Am Dienstag haben wir drei Stunden Unterricht. Drei Stunden Unterricht finde ich viel. Viel Mineralwasser und wenig Bier trinkt Oskar.

Übung F

a) 500 Gramm Reis – 1 Beutel (2,5 Kilo) Kartoffeln / Pommes frites – 3 Beutel Tomatensuppe – 2 Kilo Karotten – 1 Kilo Äpfel – 1 Kilo Apfelsinen – 5 (Stück) Kiwis – 2 Flaschen Mineralwasser – 5 Dosen Bier – 3 Flaschen Apfelsaft
b) Ich brauche 3 Liter Milch / 2 Beutel Reis / 5 Dosen Bier / 2 Flaschen Apfelsaft / 2 Brote / ein Kilo Äpfel. Ich habe noch 2 Liter Milch / noch einen Beutel Reis / kein Bier mehr / keinen Apfelsaft mehr / kein Brot mehr / 3 Äpfel. Also kaufe ich einen Liter Milch / einen Beutel Reis / 5 Dosen Bier / 2 Flaschen Apfelsaft / 2 Brote / ein Kilo Äpfel.

Übung G

	E	I	N	U	N	D	F	Ü	N	F	Z	I	G					
	I										W							
	N	E	U	N					Z	W	E	I						
	U						H				I							
	N		S		N		U		A	C	H	T						
	D		I		E		N				U							
	V	I	E	R	U	N	D	Z	W	A	N	Z	I	G				
	I		B		N		E				D							
	E		E		Z		R		D	R	E	I	ß	I	G			
	R		N		E		T		R		R							
	Z				H	U	N	D	E	R	T	Z	W	A	N	Z	I	G
S	I	E	B	E	N		E		I		E							
	G						U				L							
					E	I	N	S			F							

Übung H

a) brauchen, brauche, habe, Wollen, geht, können, nehmen, sind, sein, will, können, haben
b) Braucht er den Wagen wirklich? Ja, Frau Domingo, er braucht den Wagen. Er hat um zehn Uhr einen Präsentationstermin in Göttingen. Will er nicht lieber den Zug nehmen? Das geht leider nicht. Aber er kann doch den ICE um 7.30 Uhr nehmen. Dann ist er um 8.50 Uhr in Göttingen. Ja, aber er möchte um 8.30 bei der Firma Sanofit sein. Er will dort die Bürola präsentieren. Ach so, dann kann er den Firmenwagen natürlich haben.

Übung I

b) B; c) C; d) A; e) D; f) C

Übung J

b) per Fax, per Brief; c) telefonisch; d) per Fax; e) per E-Mail

Übung K

a) C; b) Er soll „Ja" oder „Nein" sagen. Er sagt aber „Ja oder Nein".

Übung L

a) C; b) A; c) B; d) B

Übung M

a) und, auch, aber; b) aber, Und, auch, oder; c) und, auch, Aber, Oder

Alltag, Beruf & Co. 1, Lehrerhandbuch, ISBN 978-3-19-141590-7, © Hueber Verlag 2009

LEKTION 7

Übung A

a) ... Berlin. Am Montag hat sie einen Termin bei der Firma Sperling. Sie kommt aber schon am Samstag. Sie möchte Berlin sehen. Und mich natürlich auch. Sie nimmt den ICE um 8.58 Uhr. Um 13.08 Uhr ist sie in Berlin Hauptbahnhof.
b) 2 Am Samstag. – 3 Was macht sie in Berlin? – 4 Am Montag. – 5 Wo hat sie einen Termin? – 6 Wie kommt sie nach Berlin? – 7 Um 13.08 Uhr. – 8 Sie möchte Berlin und Christel sehen.

Übung B

a) Gehen Sie geradeaus. Gehen Sie über die Brücke. Nehmen Sie die dritte Straße links und dann die erste Straße rechts. Da ist rechts das Museum.
b) Gehen Sie geradeaus. Gehen Sie über die Brücke. Nehmen Sie die zweite Straße rechts und dann die erste Straße links. Da ist links die Universität.

Übung C

2 ungefähr, genau – 3 ungefähr, genau – 4 ungefähr, genau

Übung E

a) Der dritte Punkt ist die zweite Haltestelle – Der siebte ... die dritte ... – Der zehnte ... die vierte ... – Der zwölfte ... die fünfte ... – Der sechzehnte ... die sechste ...
b) Der vierte Punkt ist der erste Mitarbeiter. – Der achte ... der zweite ... – Der elfte ... der dritte ... – Der dreizehnte ... der vierte ... – Der fünfzehnte ... der fünfte ... – Der achtzehnte ... der sechste ...
c) Der zweite Punkt ist das erste Haus. – Der fünfte ... das zweite ... – Der sechste ... das dritte – Der neunte ... das vierte – Der vierzehnte ... das fünfte ... – der siebzehnte ... das sechste ...

Übung F

a) 2-H, 3-C, 4-F, 5-A, 6-D, 7-G, 8-B

b)

	1	Verb	**...**
	Wie	**komme**	ich zum Brandenburger Tor?
		Gehen	Sie geradeaus über die Brücke.
		Nehmen	Sie dann die sechste Straße rechts.
	Da	ist	das Brandenburger Tor.
		Ist	das weit?
Nein,	es	ist	nur ungefähr ein Kilometer.

Übung G

a) Gehen Sie hier geradeaus. Nehmen Sie die erste Straße links und dann die zweite Straße rechts. Das ist die Luisenstraße. Gehen Sie die Luisenstraße 200 Meter geradeaus. Nehmen Sie die erste Straße links. Das ist die Straße Unter den Linden. Gehen Sie da geradeaus bis zur fünften Straße. Da ist links die Universität.
b) Lösungsbeispiele: 1. Gehen Sie hier geradeaus bis zur Scheidemannstraße. Gehen Sie da links. Dann nehmen Sie die erste Straße rechts. Das ist die Ebertstraße. Rechts ist das Brandenburger Tor. Gehen Sie links über den Pariser Platz und dann immer geradeaus bis zur sechsten Straße. Da ist links die Universität. 2. Gehen Sie hier geradeaus. Nehmen Sie die erste Straße links. Das ist die Dorotheenstraße. Gehen Sie die Dorotheenstraße geradeaus. Nehmen Sie dann die fünfte Straße rechts und die zweite Straße links. Gehen Sie hundert Meter geradeaus. Da ist links die Universität.

Übung H

2 ... zur Planungskonferenz. – Die ist im Vertrieb. Der ist im Erdgeschoss. 3 Entschuldigung, ich möchte zur After-Work-Party. – Die ist im „Sausalito". Das ist am/im/beim Stadtpark. 4 Entschuldigung, ich möchte zum Sprachkurs. – Der ist in der Universität. Die ist im Stadtzentrum. 5 Entschuldigung, ich möchte zum Mittagessen. – Das ist in der Kantine. Die ist in der ersten Etage.

Übung I

zum – im – zur – in der – zu – in die – in – im – im – ins/zum – in der/die – bei

Übung J

1-D ins – 2-G zum – 3-C ins – 4-A zum – 5-B zum – 6-F in die – 7-H ins – 8-E zur

Übung L

die Treppe – den Aufzug – die 3. Straße links/die U-Bahn – das Flugzeug – die U-Bahn/die 3. Straße links – Reis – Apfelsaft

Übung M

2 zweite – 3 siebte – 4 fünften – 5 erste – 6 dritten – 7 zweiten – 8 vierten

Übung N

a) um 10.00 Uhr – um 10.20 Uhr – im Konferenzraum – im Büro – Im Büro – nach Frankfurt – In Frankfurt
b) ... Frau Icks. Er kommt um 10.20 Uhr. Aber da ist Frau Icks nicht da. Herr Ypsilon sucht Frau Icks im Konferenzraum. Aber da ist sie auch nicht. Um 10.30 Uhr ist sie wieder im Büro und Herr Ypsilon ist auch da. Da besprechen sie alle Punkte. Um 11.30 Uhr fährt Herr Ypsilon weiter nach Frankfurt. Da besucht er einen Geschäftspartner.

Alltag, Beruf & Co. 1, Lehrerhandbuch, ISBN 978-3-19-141590-7, © Hueber Verlag 2009

Lösungen Übungen

Übung P

die U-Bahn
der Bahnhof
das Parkhaus
der Flughafen
die Firma
der Supermarkt
das Schwimmbad
das Stadion
die Bank
die Post
das Kino
das Krankenhaus

F	L	A	N	U	B	A	H	N	I	E	B	E	R
L	E	D	K	R	A	N	K	E	N	H	A	U	S
U	P	A	R	K	H	A	U	S	Z	E	N	R	T
G	O	L	D	O	N	D	K	R	U	M	K	O	A
H	S	A	S	C	H	W	I	M	M	B	A	D	D
A	T	A	E	B	O	I	N	A	P	O	L	I	I
F	I	R	M	A	F	D	O	L	O	S	B	G	O
E	S	U	P	E	R	M	A	R	K	T	I	U	N
N	E	B	E	N	U	D	T	I	T	E	S	S	O

Alltag, Beruf & Co. 1, Lehrerhandbuch, ISBN 978-3-19-141590-7, © Hueber Verlag 2009

LEKTION 8

Übung A

Die Pause beginnt in zehn Minuten. Die Pause ist in fünfzehn Minuten zu Ende. Die Reise beginnt in einer Stunde und zehn Minuten. Die Reise ist in einer Stunde zu Ende.

Übung B

Um halb acht. – Um zwanzig vor drei. – Um Viertel nach sieben. – Um fünf nach halb zehn. – Um halb eins. – Um eins / ein Uhr. – Um zehn vor vier. – Um zwanzig nach sechs. – Um fünf vor halb sieben. – Um fünf nach vier. – Um Viertel vor eins.

Übung D

1 spätestens – 2 frühestens – 3 spätestens – 4 frühestens, spätestens – 5 spätestens, frühestens

Übung E

sch wie in „Frühstück": Spaß, Nachspeise, sprechen, bestellen, **s**pätestens, Sport, Haltestelle, Gespräch, Student, Unterrichts**s**tunde; *ss* wie in „erst": Obst, frühestens, kosten, späte**s**ten**s**, isst, Mittagspause, Prospekt, dienstlich, Kursliste, Unterricht**s**stunde, Samstag

Übung F

2 ... um halb sieben, aber samstags erst um halb neun und sonntags erst um neun. 3 Samstags schon um neun, aber sonntags erst um halb elf. 4 ... erst um zwanzig nach zwölf, aber samstags schon um Viertel nach neun und sonntags schon um halb acht.

Übung G

kann – kannst – muss – kann – Musst – Kannst – kann – muss – kann – muss – muss – kann – kannst – kann

Übung H

2 Wann denn genau? – 3 Von zwölf bis halb eins. – 4 Um zwölf kann ich nicht. Da ... – 5 Geht es um halb eins? – 6 Nein, da ist die Mittagspause schon zu Ende. Aber ... – 7 Gut, also nach Feierabend. Und ... – 8 Wann beginnt der Film? – 9 Um Viertel vor acht. – 10 Das ist ja nicht so spät. Da kann ich.

Übung I

1 delegieren, übernehmen; 3 auf 9.30 Uhr verschieben; 4 kann er einhalten; 5 muss er absagen; 6 er (auch) absagen

Übung J

a) 1 übernehmen; 2 verschieben; 3 absagen, einhalten
b) 2 Er kann die Wartungsarbeiten übernehmen. 3 Er muss den Auftrag verschieben. 4 Sie muss das Seminar absagen. / Sie muss nach Berlin. 5 Sie kann den Besprechungstermin einhalten.

Übung L

a) kurz: Köln, Äpfel, müssen, fünfhundert, wöchentlich, Lücke, Getränke, fünf, Brücke, fünfzehn, können, zwölfmal, fünfmal – lang: Österreich, Käse, über, Gemüse, täglich, Büro, spätestens, Übungen, Türen, Zürich, über, Sören, Bläser, frühestens, lösen

Übung M

Lösungsbeispiele: Um dreizehn Uhr möchte sie mit Urs zu Mittag essen. Um fünfzehn Uhr muss sie die Post erledigen. Am neunzehnten Juli muss sie um zwanzig nach neun Uhr nach Zürich fahren. Um fünf vor halb vier muss sie zurückfahren. Am zwanzigsten Juli muss sie bei S & L anrufen. Um sieben Uhr möchte sie Rita besuchen. Am einundzwanzigsten Juli muss sie um Viertel nach eins Uhr zu einer Konferenz. Um 16.20 muss sie zum Arzt (gehen). Am zweiundzwanzigsten Juli muss sie um zehn Uhr einen Bericht schreiben. Um sechs Uhr möchte sie zum Englischkurs. Am dreiundzwanzigsten Juli möchte sie um halb zehn Tennis spielen. Um 10.00 Uhr möchte sie einkaufen. Von drei bis vier Uhr möchte sie mit Rita Kaffee trinken. Um 19.45 Uhr möchte sie ins Theater gehen.

Übung O

					H								
			S	P	A	Z	I	E	R	G	A	N	G
		B	E	R	U	F						O	
D			C		S							V	
A		T	H	E	A	T	E	R				E	
T			S		U			E		K		M	
U	F				F		K	I	N	O		B	
M	I	T	T	A	G	E	S	S	E	N		E	
	L				A			E		Z		R	
	M				B					E			
					E					R			
			D	O	N	N	E	R	S	T	A	G	

LEKTION 9

Übung A
rot, weiß - schwarz, blau, weiß – blau, weiß – schwarz, weiß, rot, blau – schwarz, rot, gelb/gold – braun – Trauben: dunkelblau und hellgrün, Apfelsinen: orange, Erdbeeren: rot, Kiwi: grün ... – grau, pink – gelb, rot – blau, gelb/gold – blau, gelb, weiß, schwarz

Übung B
a) mir; b) Ihnen, Ihnen, Mir, Ihnen; c) mir; d) Ihnen, Ihnen; e) Ihnen, Ihnen; f) mir; g) dir; h) mir; i) Ihnen, j) mir, dir; k) dir, mir, mir

Übung C
glaubst – muss, kann – weißt – wissen, weißt – weißt – glaube, kannst – weiß

Übung D
a) Ein Mann trägt einen Hut. Die zweite Frau von rechts trägt einen Arbeitsanzug. Die zweite Frau von links trägt einen Rock. Die dritte Frau von rechts trägt eine Bluse. Das Kind in der Mitte rechts trägt eine Uhr. Der Mann in der Mitte links trägt eine Uniform. Der zweite Mann von links trägt einen Pullover.

Übung E
Lösungsbeispiele: Schokolade ist normalerweise hellbraun bis dunkelbraun und manchmal weiß. – Fleisch ist nie hellgrün. – Kartoffeln sind normalerweise hellbraun.

Übung F
a) mir, mir, mir – b) Die Bluse passt ihr nicht. Sie ist ihr zu groß. Die Farbe gefällt ihr aber. Sie findet Grün schön. Aber steht es ihr? – c) Der Hut passt ihm nicht. Er ist ihm zu groß. Die Farbe gefällt ihm aber. Er findet Grün schön. Aber steht es ihm?

Übung G
b) Frau Kor**b*** sa**g***t, Sie ha**b**°en tä**g***lich a**b**°en**d***s am Prüfstan**d*** **D**°ienst. – Sie sollen **d**°eshal**b*** am Monta**g*** un**d*** am **D**°iensta**g*** einen Ar**b**°eitsanzu**g*** tra**g**°en. – Das gel**b**°e Hem**d*** ist **g**°roß **g**°enu**g***. Was **g**°lau**b***st **d**°u?

Übung H
b) ... sollen die Gäste am Bahnhof abholen. c) Die Konferenz soll möglichst nur fünf bis sechs Stunden dauern. d) Alle Vertriebsmitarbeiter sollen pünktlich um 9.00 Uhr im Konferenzraum sein. e) Die Konferenz soll um 10.00 Uhr beginnen. f) Ich soll die ganze Zeit anwesend sein. g) Du sollst für den Einkauf sprechen. h) Alle Konferenzteilnehmer sollen für die Fahrt zum Restaurant „Goldene Gans" den Firmenbus benutzen.

Übung I
a) A-4, B-7, C-2, D-1, E-6, F-3, G-5;
b) B Herr Hildesheimer hat wenig Zeit. Deshalb nimmt er den Wochenend-Superintensiv-Kurs. – C Herr Hildesheimer kann schon ganz gut Outlook und ein wenig Excel. Deshalb sind zwei Kurstage genug. D Herr Bremer ist am 4. März auf der Messe in Leipzig. Deshalb kann er den Outlook-Kurs am 25. Februar und am 4. März nicht nehmen. E Herr Bremer kann den Outlook-Kurs am 25. Februar und am 4. März nicht besuchen. Deshalb muss er einen anderen Termin finden. F Frau Lauxen fährt nicht zur Messe nach Leipzig. Deshalb kann sie den Kurs „Word-Outlook-Excel" am 3. und 5. März machen. G Herr Bremer und Herr Hildesheimer sind vom 1. bis 7. März auf der Messe in Leipzig. Deshalb können sie in der ersten Märzwoche keinen Computerkurs machen.

Übung J
Formulierungsbeispiele: Das Modell „niceday" ist etwas zu lang. Der Preis ist in Ordnung. Die Farbe ist etwas zu dunkel. – Das Modell „practic" ist etwas zu hell. Der Preis ist in Ordnung und die Größe ist richtig.
Das Modell „artline" ist ihm nicht praktisch genug. Er findet es auch nicht sehr bequem. Aber er findet es formschön. – Das Modell „artline" ist ihr nicht praktisch genug. Sie findet es nicht sehr bequem. Aber sie findet es formschön
Das Modell „niceday" finde ich nicht sehr bequem. Es ist nicht formschön genug. Aber ich finde es praktisch. – Das Modell „artline" ist ihm nicht bequem genug. Er findet es nicht sehr formschön, aber er findet es sehr praktisch. – Das Modell „artline" findet sie nicht sehr praktisch, aber bequem und formschön. ...

Übung K
b) ... zur Firma Ludewig fahren. Aber Herr Börner sagt, du sollst zur Messe fahren. Du kannst also nicht zur Firma Ludewig fahren. Du musst die Fahrt zur Firma Ludewig absagen. c) Am 10. Juni will er zur Firma Ludewig fahren. Aber Herr Börner sagt, er soll zur Messe fahren. Er kann also nicht zur Firma Ludewig fahren. Er muss die Fahrt zur Firma Ludewig absagen. d) Am 10. Juni wollen wir zur Firma Ludewig fahren. Aber Herr Börner sagt, wir sollen zur Messe fahren. Wir können also nicht zur Firma Ludewig fahren. Wir müssen die Fahrt zur Firma Ludewig absagen. e) Am 10. Juni wollt ihr zur Firma Ludewig fahren. Aber Herr Börner sagt, ihr sollt zur Messe fahren. Ihr könnt also nicht zur Firma Ludewig fahren. Ihr müsst die Fahrt zur Firma Ludewig absagen. f) Am 10. Juni wollen Sie zur Firma Ludewig fahren. Aber Herr Börner sagt, Sie sollen zur Messe fahren. Sie können also nicht zur Firma Ludewig fahren. Sie müssen die Fahrt zur Firma Ludewig absagen.

Übung L
Das ist eine automatische Verpackungsmaschine.

Alltag, Beruf & Co. 1, Lehrerhandbuch, ISBN 978-3-19-141590-7 © Hueber Verlag 2009

LEKTION 10

Übung A

a) Mein Name ist / Ich heiße – herzlich willkommen
b) Schwester – wird – Glückwunsch – Geburtstag
c) (Edith) Lavalle, Firma Weidrich – Guten Tag – Name – Ich arbeite
d) deine – Beruf – Assistentin im Einkauf – Industriekaufmann

Übung B

a) 2 das Hemd ● Herr Zett, ist das Ihr Hemd? ▲ Ja, das ist mein Hemd. – 3 die Wohnung ● Hans und Eva, ist das eure Wohnung? ▲ Ja,das ist unsere Wohnung. – 4 die Kleider ● Tanja, sind das deine Kleider? ▲ Ja, das sind meine Kleider. – 5 das Fahrrad ● Habib, ist das dein Fahrrad? ▲ Ja, das ist mein Fahrrad. – 6 der PC ● Frau Boos, ist das Ihr PC? ▲ Ja, das ist mein PC. – 7 die Schuhe ● Kinder, sind das eure Schuhe? ▲ Ja, das sind unsere Schuhe. – 8 das Büro ● Torsten, ist das dein Büro? ▲ Ja, das ist mein Büro. – 9 die Firma ● Herr Zhang, ist das Ihre Firma? ▲ Ja, das ist meine Firma.
b) 3 Wörter sind maskulin (Schuh im Plural), 4 Wörter sind neutrum (Kleid im Plural), 2 Wörter sind feminin; Endung auf -e: im Plural und im Femininum

Übung C

a) Torsten ist mein Freund. Tanja ist seine Schwester. Torsten ist ihr Bruder. Die Weidrich AG ist seine Firma.
b) Sören ist mein Kollege. Torsten ist mein Bruder. Sören ist sein Freund. Die Weidrich AG ist meine Firma.

Übung D

a) Name: Kahlo – Vorname: Lea – Beruf: Diplom-Ingenieurin – Familienstand: verheiratet – Kinder: drei – Geburtsdatum: 15.10.1965 – PLZ (Postleitzahl): A-1090 – Ort: Wien – Straße: Porzellangasse 46.
b) Name: Krauss – Vorname: Herbert – Beruf: Informatiker – Familienstand: ledig – Kinder: keine – Geburtsdatum: 07.02.XX (je nach Jahr des Kurses) – PLZ (Postleitzahl): D-33647 – Ort: Bielefeld – Straße: Westfalenstr. 12

Übung E

2-A; 4-C; 6-B

Übung F

Lösungsbeispiel: Die Großeltern sind x Jahre verheiratet. Die Großmutter ist Kinderärztin von Beruf. Ihr Mann ist Architekt. Ihr Schwiegersohn ist Geschäftsführer. Seine Frau Carola, die Tochter von Gertrud und Alfred Simonis, ist Diplom-Kauffrau. Sebastian und Carola Merz sind x Jahre verheiratet. Gertrud und Alfred Simonis haben drei Enkel: Anna, sie ist am 30.10.1992 geboren; Jonas, er ist am 01.04.1996 geboren; Esther, sie ist am 07.02.2004 geboren. Ihre Eltern sind x und x Jahre alt, ihre Großeltern sind x und x Jahre alt.
(x = Anzahl der Jahre, je nach Jahr des Kurses)

Übung G

a) Viel Erfolg im neuen Job! / Herzlichen Glückwunsch!– b) Frohes Fest! – c) Prost Neujahr! Glück und Gesundheit! / Alles Gute im neuen Jahr! – d) Viel Erfolg in der neuen Position! – e) Alles Gute für die Zukunft! – f) Herzlichen Glückwunsch zum Geburtstag! Alles Gute im neuen Lebensjahr!

Übung H

1 ich möchte C/E/G – 2 ich möchte F – 3 möchte ich D – 4 möchte ich C – 5 ich möchte A – 6 möchte ich B – 7 ich möchte C/E/G

Übung J

stimmhaft: Gesundheit, der Vorgesetzte, zu Hause, **S**u**s**anne **S**imonis, Sohn, sagen, **s**echsund**s**echzig, Reise, Pause, Gemüse, Position, sieben;
stimmlos: gleichfalls, Donnerstag, Haus, heißen, Simoni**s**, Großeltern, Frohes Fest, sech**s**undsechzig, Reis, Grüße, geschlossen, Mittagessen

Übung K

a) formell
b) formell: Anrede: 4 – Begrüßung: 8 – Anlass: 3 – Glückwünsche/Gratulation: 10, 7 – Dank: 2;
informell: Anrede: 6 – Begrüßung: 9 – Anlass: 1 – Glückwünsche/Gratulation: 7 – Dank: 5

Übung L

1 BEGRÜSSUNG und VORSTELLUNG
2 UHRZEIT und ADRESSE
3 STUNDENPLAN und TERMINKALENDER
4 ESSEN und TRINKEN
5 REISEN und VERKEHRSMITTEL
6 EINKAUFEN und BESTELLEN
7 Wegbeschreibung in STADT und FIRMA
8 TERMINE einhalten und VERSCHIEBEN
9 KLEIDUNG kaufen und Kurs BUCHEN
10 PRIVATE und berufliche FEIERN

Alltag, Beruf & Co. 1, Lehrerhandbuch, ISBN 978-3-19-141590-7, © Hueber Verlag 2009

Lösungen der Zwischentests 1–5

Test 1

Hören	Lesen	Grammatik	Schreiben	Wortschatz
1 Nein	1 falsch	1 bin	1 zehn	1 B
2 heute Morgen (um zehn)	2 richtig	2 aus	2 neun Uhr	2 C
3 Nein	3 falsch	3 ist	3 Ein	3 A
4 übermorgen (um drei)	4 falsch	4 Sie	4 Postleitzahl	4 C
5 Nein	5 falsch	5 in	5 sieben	5 B
6 übermorgen Vormittag	6 richtig	6 wer	6 Vormittag	6 A
7 Ja	7 richtig	7 Das	7 VW/Volkswagen	7 A
8 morgen Abend	8 falsch	8 von	8 Adresse	8 C
9 Ja	9 richtig	9 arbeitet	9 Hausnummer	9 B
10 übermorgen Nachmittag	10 falsch	10 woher	10 zwölf Euro	10 B

Test 2

Hören	Lesen	Grammatik	Schreiben	Wortschatz
1 B	1 300 Euro	1 C	1 ...er Martin	1 B
2 B	2 20 Teilnehmer	2 A	2 Abendessen geht	2 A
3 A	3 9 Plätze	3 B	3 um ... Uhr geht es	3 C
4 A	4 2 Unterrichtsstunden	4 C	4 von ... Uhr bis ... Uhr/ ... Stunden	4 A
5 B	5 zweimal	5 A	5 essen wir? Beispiele: Schnitzel, Gemüse, ... (Name)	5 B
6 falsch	6 ein Herr	6 A		6 C
7 richtig	7 10 Euro	7 B		7 A
8 Hört man nicht.	8 7 Stunden/von 9.00 bis 16.00 Uhr	8 B		8 B
9 richtig		9 C		9 A
10 Hört man nicht.		10 C		10 C

Test 3

Hören	Lesen	Grammatik	Schreiben	Wortschatz
1 B	1 falsch	1 A	Lösungsbeispiel: ..., ich komme nach Luxemburg. Die Abfahrt ist morgen um 8.00 Uhr. Die Ankunft ist um 12.00 Uhr. Ich nehme den Zug. Ich bleibe zwei Stunden. Die Rückfahrt ist um 14.30 Uhr.	1 B
2 C	2 richtig	2 C		2 A
3 C	3 richtig	3 B		3 C
4 A	4 richtig	4 B		4 B
5 A	5 falsch	5 A		5 B
6 B	6 richtig	6 C		6 D
7 C	7 richtig	7 C		7 A
8 B	8 falsch	8 A		8 C
9 A	9 richtig	9 A		9 C
10 B	10 falsch	10 B		10 A

Test 4

Hören	Lesen	Schreiben	Grammatik	Wortschatz
1 A	1 A	... immer geradeaus. Du kommst direkt zum Supermarkt. Vom Supermarkt gehst du links. Du nimmst die dritte Straße links. Die Post ist auf der linken Seite. Von der Post gehst du rechts. Du nimmst die erste Straße links und die zweite Straße rechts. Die Bank ist auf der linken Seite. Von der Bank gehst du geradeaus, dann die zweite Straße rechts und dann die zweite Straße links. Da ist der Bahnhof auf der rechten Seite. Von da gehst du links. Dann nimmst du die zweite Straße rechts, die erste links und die erste rechts.	1 dritte	1 Donnerstag
2 C	2 B		2 acht Uhr zwölf	2 geradeaus
3 C	3 B		3 eine	3 Monat
4 B	4 C		4 neun Euro zehn	4 Entschuldigung
5 A	5 A		5 siebten	5 besetzt
6 C	6 B		6 neun	6 von Beruf
7 B	7 B		7 Viertel ... zwölf	7 Woher
8 B	8 A		8 sechzehnte	8 Flasche
			9 siebte	9 viertel
			10 fünfundzwanzigsten zwölften	10 Aufzug

Test 5

Hören	Lesen	Grammatik	Schreiben **– Lösungsbeispiel:**	Wortschatz
1 A 2 B 3 C 4 C 5 B 6 A 7 A 8 C 9 B 10 A	1 T-Shirt 2 schwarz, weiß, rot 3 14,– Euro 4 23,– Euro 5 480 464 4	1 ... soll im März zur Messe fahren. 2 Wann möchten ... das Seminar machen? 3 ... muss ich am Bahnhof sein. 4 Mir gefällt ... sehr gut. 5 ... kann ich erst um 10.00 Uhr zum Unterricht kommen.	Fax-Nr. 0800-36 46 47 Sehr geehrte Damen und Herren, hiermit bestelle ich: – 1 Drucker Deskjet A 310 (Best.Nr. DC 01908) zum Preis von € 119,00 – 1 Druckerpatrone schwarz (Best.Nr. TS 12344) zum Preis von € 15,99 Gesamtpreis: € 134,99 Bitte liefern Sie bis ...	1 A 2 B 3 C 4 B 5 A 6 C 7 C 8 A 9 B 10 B

Kursbuch, Seiten 106–110

TRANSKRIPTE

Teil 1

Dialog 1
- ● Gefällt dir die Bluse?
- ■ Ja, schon. Aber die kostet fast 40 Euro.
- ● Ja, neununddreißig neunzig – ziemlich teuer. Aber hier ist eine für 19 Euro.
- ■ Aber die ist nicht schön. Die gefällt mir nicht. Da nehme ich doch lieber die andere.

Dialog 2
- ● Hallo, Eva, hier ist Carlos. Du, ich kann unsere Verabredung um sechs nicht einhalten.
- ■ Was ist denn los?
- ● Ich muss in der Firma noch etwas erledigen. Das dauert ungefähr eine Stunde.
- ■ Also dann um 19.00 Uhr.
- ● Nein, lieber um halb acht.

Dialog 3
- ● Brauchen wir noch Getränke?
- ■ Ich glaube nicht. Apfelsaft und Mineralwasser haben wir noch. Aber wir haben kein Obst.
- ● Okay, also Apfelsinen, vielleicht Äpfel und Bananen. – Und Fleisch? Möchtest du Schnitzel?
- ■ Nein, nicht schon wieder Fleisch.

Dialog 4
- ● Können wir nicht den Bus nehmen? Mit dem Auto finden wird da keinen Parkplatz.
- ■ Mal sehen ... Nein, der nächste Bus fährt erst in einer Stunde.
- ● Gibt es hier eine U-Bahn-Station?
- ■ Ja, aber bis dahin sind es 20 Minuten zu Fuß.
- ● Dann nehmen wir doch das Auto.

Dialog 5
- ● Was gibt es denn heute?
- ■ Na ja, wie immer sonntags: Brötchen und ein Ei. Möchtest du Kaffee oder Tee?
- ● Kaffee, bitte. Ich mache noch ein Müsli. Möchtest du auch eins?
- ■ Nein, danke, aber ich hätte gerne einen Orangensaft.

Dialog 6
- ● Was sind Sie von Beruf, Frau Hürlimann?
- ■ Ich bin Mitarbeiterin in einem Unternehmen für Elektrotechnik. Wir stellen Elektrogeräte her.
- ● Sie sind also Elektroingenieurin, nicht wahr?
- ■ Nein, ich bin Informatikerin.

Teil 2

Ansage 1
Achtung an Gleis 4! Der ICE aus Hamburg zur Weiterfahrt nach Basel, planmäßige Ankunft um 10.25 Uhr, hat voraussichtlich 5 Minuten Verspätung. Wir bitten um Ihr Verständnis.

Ansage 2
Herr Zimmermann, bitte kommen Sie sofort in die Fertigung. Herr Zimmermann, bitte sofort in die Fertigung. Frau Kunz von der AGME GmbH erwartet Sie dort. Danke.

Ansage 3
Der Frischemarkt bietet Ihnen auch heute wieder einige Überraschungen. Probieren Sie doch einmal unsere Fleisch- und Wurstwaren. Im Angebot: Rindersteaks aus biologischer Herstellung, 500 Gramm nur neun Euro neunundneunzig.

Ansage 4
Sehr geehrte Besucherinnen und Besucher, unser Schwimmbad schließt heute wie immer mittwochs um 18.00 Uhr. Es ist jetzt 17.30 Uhr. In 30 Minuten schließt das Schwimmbad. Bitte suchen Sie die Umkleide auf.

Teil 3

1 Hier ist Büromarkt Nehrlinger. Guten Tag, Frau Schutzbach. Brauchen Sie vielleicht Kopierpapier? Wir haben ein sehr günstiges Angebot. Pro Pack à 500 Blatt zu ein Euro achtundneunzig. Sie müssen aber mindestens 10.000 Blatt abnehmen.

2 Grüß dich, Thomas. Hier ist Sonja. Morgen kann ich nicht zum Tennis kommen. Ich muss bis 19.00 Uhr in der Firma bleiben. Wir telefonieren noch mal. Tschüs.

3 Guten Tag, Frau Baum. Hier ist das Hotel Luisenhof. Mein Name ist Korte. Wir haben Ihre E-Mail bekommen und möchten Ihre Reservierung bestätigen: Ein Einzelzimmer, Anreise am Mittwoch, 15.04., gegen 20 Uhr, für zwei Nächte. Ist das so in Ordnung?

4 Hallo, Gertrud, es geht um unsere Fahrt nach Innsbruck. Mein Vorschlag: Ich treffe dich am Bahnhof. Der Zug geht um Viertel vor acht. Ich bin spätestens um 7.30 Uhr vor dem Café in der Bahnhofshalle. Da warte ich auf dich, okay? Bis halb oder Viertel vor acht und Gruß – Johannes.

5 Hier ist Hartmann von Euromedia. Hören Sie, unser Kopierer funktioniert nicht mehr. Wir brauchen dringend einen Techniker. Bitte schicken Sie einen von Ihren Serviceleuten. Ich hoffe, heute Vormittag kann noch jemand vorbeikommen. Es ist wirklich dringend.

LÖSUNGEN

Hören Teil 1	Hören Teil 2	Hören Teil 3	Lesen Teil 1	Lesen Teil 2	Lesen Teil 3
1 A	1 richtig	1 A	1 richtig	1 A	1 falsch
2 C	2 falsch	2 A	2 richtig	2 B	2 richtig
3 B	3 falsch	3 B	3 falsch	3 A	3 richtig
4 C	4 richtig	4 C	4 richtig	4 A	4 richtig
5 A		5 A	5 falsch	5 A	5 falsch
6 B					

Schreiben

Teil 1

Teil 2

Name:	Schulte, Heiner
Kurs:	Excel für Fortgeschrittene
Dauer:	5 Tage / 12.07. – 16.07.
Beginn:	12.07.
Firma:	AGME GmbH
Datum:	10.06.2009
Unterschrift:	*Schulte*

Lösungsbeispiel:

(Datum)

Lieber ...,

Du schreibst, Du möchtest mich besuchen. Ich habe vom ... bis zum ... / am ... Zeit. Wir können die Stadt besichtigen. / ins Theater gehen. / ... Du kannst bei mir wohnen. Ich habe ein Gästezimmer. / Ich buche ein Zimmer für Dich.

Liebe Grüße

...